mujeres de el pueblo

mujeres

el papel de las mujeres.

1 S

M

BODAS DE SANGRE

Obras de Federico García Lorca

Títulos publicados

FEDERICO GARCÍA LORCA

BODAS DE SANGRE

TRAGEDIA EN TRES ACTOS
Y SIETE CUADROS

Edición, introducción y notas,
Mario Hernández

ALIANZA EDITORIAL

Primera edición: 1984
Quinta reimpresión: 1996

Cubierta: Soledad Montoya («Romance de la pena negra»)
dibujada en Santiago de Cuba

© Herederos de Federico García Lorca
© Edición, introducción y notas: Mario Hernández
© Alianza Editorial, S. A., Madrid, 1984, 1986, 1988, 1989, 1994, 1996
Calle Juan Ignacio Luca de Tena, 15; 28027 Madrid; teléf. 393 88 88
ISBN: 84-206-6113-9
Depósito legal: M. 2.585/1996
Compuesto e impreso en Fernández Ciudad, S. L.
Catalina Suárez, 19. 28007 Madrid
Printed in Spain

INDICE

INTRODUCCION

La cronología de Bodas de sangre *que se traza en parte de esta introducción completa en detalles y se sirve de las ya clásicas «Bases cronológicas de F. G. L.», de Marie Laffranque (en* Federico García Lorca, *ed. Ildefonso-Manuel Gil, Madrid, Taurus, 1973), síntesis y ampliación a la vez de estudios anteriores, así como de la cronología establecida por Jacques Comincioli:* Federico García Lorca. Textes inédits et documents critiques, *Lausanne, Rencontre, 1970. Es útil también, a pesar de algún error evidente, la «Chronologie du théâtre de Lorca», de S. Saillard, en* Lorca, théâtre impossible, *número especial de* Organon, *Univ. Lyon II, 1978. Para simplificar las notas, omito las referencias a textos o declaraciones lorquianas que se recogen en apéndice a este volumen o que fueron incluidos en mi edición de* Yerma *(Madrid, Alianza, 1981). Como bibliografía sobre el autor, vid. Francesca Colecchia:* García Lorca. A selectively annotated bibliography of criticism, *New York & London, Garland Publishing, 1979.*

Uno de los adjetivos que Juan Ramón Jiménez sólo concedía a la poesía que admiraba era el de «contagiosa». Escrito con la ortografía del poeta moguereño: «El contajio es propio de la poesía como lo es del baile y de la música, sagrados por ella»[1]. Definía de este modo la capacidad de comunicación profunda —instintiva, espontánea— que suscitan de modo inmediato determinadas creaciones. Ese territorio sagrado fue sin duda transitado por García Lorca. Juan Ramón Jiménez, a despecho de algunas afirmaciones, así lo entendió: «Federico García Lorca es poeta para todos, por emanación, en su teatro, y ese es su acierto, tiene "eso" que llega a todos sin necesidad de ser discernido, una emoción confusa, un movimiento, repito, que palpita y hace palpitar»[2].

Este dinamismo emocional fue el mismo que prendió entre el público y la crítica de casi todas las representaciones hechas en vida de García Lorca, según se puede documentar. Conviene, no obstante, hacer algunas precisiones cronológicas antes de entrar a considerar *Bodas de sangre,* la primera pieza dramática con la que el poeta conoció el triunfo pleno como dramaturgo. Si atendemos, pues, a toda su breve carrera literaria (truncada con su vida en 1936 e iniciada en 1916, fecha de sus primeros escritos), su éxito en el teatro puede juzgarse tardío. El *Romancero gitano* arraiga en 1928 su fama como poeta, hasta ese momento sólo propagada entre los

---

[1] *El trabajo gustoso. (Conferencias),* Madrid, Aguilar, 1961, p. 58. Del mismo libro, p. 86: «Los escritores poéticos sin anjel ni duende [...] son tan poco contajiosos como la más virtuosa de las columnas salomónicas...»

[2] En carta dirigida a José Luis Cano y fechada en 1949-50: *Cartas literarias,* Barcelona, Bruguera, 1977, p. 195.

círculos literarios. Obtienen acogida favorable, pero limitada, *Mariana Pineda* (1927) y *La zapatera prodigiosa* (1930). Tan sólo cuando estrena *Bodas de sangre* (1933) consolida su nombre de poeta dramático. Debido a una distinta disposición del público, la tragedia, estrenada primero en Madrid, sólo alcanza un éxito rotundo en Buenos Aires. Repercute después en otras ciudades americanas, como Montevideo y las argentinas Rosario y Córdoba. Vuelve con nueva fuerza a Madrid y Barcelona, ya en el momento del triunfo de *Yerma* y de la dura polémica contra esta segunda tragedia promovida por la prensa conservadora. *Bodas de sangre,* finalmente, obtendrá un éxito restringido en el Nueva York de 1935 y no llega a los escenarios de París, a pesar de los deseos del autor, sino después de su muerte.

En esta casi penúltima etapa de tres años, 1933-35, García Lorca pasa de ser un autor en busca de compañía a prácticamente lo contrario. Al fin se sitúa el estreno de *Doña Rosita la soltera,* en diciembre de 1935. En los dos años previos da a conocer *Amor de Don Perlimplín,* estrenada por un grupo de aficionados, *Bodas* y *Yerma.* Además, se reponen *La zapatera prodigiosa,* ahora en nueva versión, y *Mariana Pineda.* Por otro lado, el poeta realiza una adaptación de *La dama boba,* de Lope de Vega, que se estrena en Buenos Aires con tan contundente éxito como su propio teatro. Si el mérito era de Lope, otros componentes lorquianos debieron entrar en juego, incluida la personalidad del poeta moderno y su proyección sobre la sociedad porteña del momento.

El triunfo del teatro lorquiano sólo puede interpretarse como tardío respecto a la brevedad del tiempo con que el poeta contó, al margen de razones externas que luego aduciré. El talento se manifestaba apoyado por un modo vital, pero intenso, de trabajo, distante de la imagen más superficial que de García Lorca se ha propagado. Si recordamos que en la etapa aludida estuvo también dedicado a la dirección del teatro universitario La Barraca, asombra la multiplicidad de su labor, aquí sólo ejemplificada a través de su obra como autor teatral. Refiriéndose en otros momentos a su producción escrita, aseguraba en cartas a sus amigos: «Martínez Sierra [citado como empresario] *ignora mi fantasía*: No sabe él *la que se ha echado* conmigo», o hablará, con justa formulación, de «esta inmensa alegría consciente de crear»; o en tono más burlesco, de «furor pimpleo», con curiosa cita de Leandro Moratín[3].

Acorde con tal fantasía o furor creativo, García Lorca fue un incesante surtidor de proyectos. De la expectativa que creaba en sus interlocutores interesados son muestra las siguientes palabras de Lola Membrives en abril de 1934: «Espero que García Lorca me entregará algunas de las obras que tiene en preparación: *La ciudad de los gitanos, Las tres edades de Carmen, Los millonarios,* etc.»[4]. La triple mención de títulos, con su expresivo etcétera, viene a unirse a listas que ya he comentado, propias de una etapa en que el poeta alcanza una neta proyección profesional[5]. Por otro lado, los tres títulos conectan alusivamente con el *Romancero gitano* («Romance de la Guardia Civil española»), *Poema del cante jondo* («Baile») y *Poeta en Nueva York* («Danza de la muerte», entre otros poemas). No cabe discutir una relación de dependencia, desconocida cualquier de-

---

[3] Cf. *Obras de F. G. L., Epistolario,* ed. C. Maurer, Madrid, Alianza, 1983: t. I, p. 146; t. II, pp. 133 y 142. La cita moratiniana, puesta en boca de Fernández Almagro, procede de la «Sátira. Lección poética». Vid. *Poesías escogidas* de Nicolás y Leandro F. de Moratín, Valencia, Ferrer de Orga, 1830, p. 112.

[4] «Planes de Lola Membrives. Espera que le entreguen varias obras en España. Previamente realizará una breve gira sudamericana», *La Nación* (Buenos Aires), 16.IV.1934.

[5] Remito a mi introducción a *La casa de Bernarda Alba,* Madrid, Alianza, 1984[2], pp. 10-34.

claración del poeta sobre los proyectos citados, y sólo conjeturalmente podría hablarse de una conexión temática. Lo único que mostraría tal hipótesis es la recurrencia de temas y motivos en la obra lorquiana, sin duda intensificada por la obligada revisión, a que se vio indirectamente sometido durante la estancia en Argentina, de obras ya escritas y proyectos.

Con anterioridad al estreno de *Bodas de sangre* la situación era, sin embargo, claramente distinta. García Lorca debía ser visto por los empresarios como uno de los jóvenes innovadores —problemáticos de cara al público y al éxito de taquilla— que luchaban por un teatro diferente al habitual en las carteleras. En la lucha estaban empeñados desde un César Vallejo, que en 1932 intenta estrenar en Madrid con apoyo del poeta granadino [6], hasta Rafael Alberti, Max Aub, Sánchez Mejías o Eduardo Ugarte. Los estrenos anteriores de García Lorca y su relación con el medio teatral desde fechas muy tempranas le colocaban en situación favorable, pero numerosas declaraciones suyas no dejan lugar a dudas sobre lo que realmente ocurría. Ugarte respondía en una entrevista de 1933:

Los autores jóvenes se han apartado radicalmente del teatro. ¿Qué van a hacer en las presentes circunstancias? La lucha con los empresarios es tan desigual y fatigosa que llevar una obra debajo del brazo va siendo ya heroicidad extraordinaria. El empresario se defiende también heroicamente de los nuevos. Dice que las obras modernas son

---

[6] Puede seguirse el fallido intento en César Vallejo, *Epistolario general,* Valencia, Pre-Textos, 1982, pp. 234, 243, 246, 250 y 252. Gerardo Diego debió ser el intermediario entre Vallejo y García Lorca. Escribía Vallejo (27.I.1932): «Lorca ha sido muy bueno conmigo y hemos visto a Camila Quiroga, para mi comedia, sin éxito. Además, Lorca me dice, con mucha razón, que hay que corregir varios pasajes de la comedia, antes de ofrecerla a otro teatro.»

peligrosas. Porque de lo que se trata es de salvar a toda costa el dinero —hipotético a estas alturas— de la taquilla.

Se barajaba una vez más el tema de la crisis del teatro, unido al aspecto que aquí nos interesa. Presente en la conversación, apostillaba García Lorca sobre la «peligrosidad» de las obras modernas:

¿Peligrosas? Hay representantes de empresas que se indignan sin ningún disimulo cuando se les va a ofrecer una comedia que se sale de las normas acostumbradas. El día menos pensado va a constituir una verdadera temeridad el hecho de solicitar el estreno de una obra moderna [7].

Es más que probable que estas contundentes palabras obedezcan a una experiencia personal, aunque no exclusiva. Valle Inclán, para aludir a un caso bien conocido, hubo de esperar dieciocho años para el estreno de *El embrujado,* en 1931, y veintitrés para el de *Divinas palabras,* tragicomedia representada en 1933 por Margarita Xirgu, pero publicada en 1920. En cuanto a *Los cuernos de don Friolera* se presentó de forma privada e incompleta en 1926, en casa de los Baroja, y sólo subió a un escenario en 1936, como centro de un homenaje póstumo a su autor en el que intervinieron, entre otros, García Lorca, Luis Cernuda y Rafael Alberti [8].

---

[7] En J. Pérez Doménech: «Eduardo Ugarte dice que el teatro actual es de pura receta», *El Imparcial,* 2.V.1933. Recoge parte de la entrevista C. Maurer: «Un texto corregido: "Charla sobre teatro", de F. G. L.», *Insula,* 380-81, p. 20. La ha reproducido completa Ian Gibson: «F. G. L. Tres entrevistas recuperadas», *La Pluma,* 8 (1982), pp. 114-117.

[8] Cf. Dru Dougherty: *Un Valle Inclán olvidado: entrevistas y conferencias,* Madrid, Fundamentos, 1982, pp. 217, 249-50 y 165-166; Antonina Rodrigo: *Margarita Xirgu y su teatro,* Barcelona, Planeta, 1974, pp. 195-96; y José Luis Cano: *García Lorca. Biografía ilustrada,* Barcelona, Destino, 1962, p. 119.

García Lorca, por su parte, no llegó a ver estrenadas, a pesar de sus intentos, piezas como *Así que pasen cinco años, El público* y, en cierto modo, *Amor de Don Perlimplín con Belisa en su jardín*. Las dos primeras llegaron a ser clasificadas por el autor como «piezas irrepresentables», definición que no ha de ser elevada a rara categoría, pues seguramente obedeció a la perentoriedad de hacer de la necesidad virtud. *Así que pasen cinco años* fue ofrecida, ya en 1930, a Margarita Xirgu, que prefirió la gracia alada y chispeante de *La zapatera prodigiosa*. Intentó de nuevo estrenarla en Buenos Aires, igual que el *Perlimplín*. Como ya he avanzado, esta «aleluya erótica» había sido estrenada en Madrid, 1933, por un grupo de aficionados, lo que dista de un estreno comercial al uso. Sin entrar en el análisis de las incidencias sufridas por las tres obras, se vuelven significativas ante este sucinto panorama las palabras de Rivas Cherif al poeta en 1936: «A ti te pedirán ya siempre "dramas poéticos"»[9]. *Bodas de sangre* y *Yerma*, así como desde otra perspectiva *Doña Rosita*, se inscribían en una tradición reconocible. Otro era el caso de las piezas irrepresentadas y, extremando muy poco las relaciones, del picante y lírico *Perlimplín*, cuyo tratamiento del honor conyugal podía ser recibido, como sucedió en parte con *Yerma*, con escándalo más o menos notorio.

En un momento dado García Lorca decidió librar la batalla de los estrenos. Está fuera de duda que en *Bodas de sangre* había puesto toda su confianza. Desde el primer momento, por ejemplo, solicitará su traducción a varios idiomas. La tragedia le fue ofrecida en primer lugar a Lola Membrives. La actriz estaba entonces ac-

---

[9] Vid. «Pasión y drama del gran Federico. La muerte y la pasión de García Lorca», *Excelsior* (México), 27.I.1957. Cito el fragmento correspondiente en mi edición de *La casa de Bernarda Alba*, p. 23.

tuando en Valladolid y allí debió acudir el poeta a leér-
sela, según se desprende de una de sus cartas [10]. Tentada
por el papel de la Novia, demasiado joven para ella, y
no atreviéndose a encarnar a la Madre, según recoge
Marcelle Auclair, la Membrives desistió ante la nueva
obra [11]. La aceptó después Josefina Díaz, que se vestiría
precisamente el traje de la Novia, a pesar de la mayor
densidad dramática del papel de la Madre, retomado
finalmente por L. Membrives en Buenos Aires. Dejando
a un lado estas coqueterías, hay que resaltar el hecho
de que la tragedia lorquiana fuera acogida por un teatro, el Beatriz, cuya temporada estaba siendo dirigida
en 1933 por Eduardo Marquina. Si *Bodas* se separa del
drama rural marquiniano, no se puede negar que sub-
sisten ciertas concomitancias, aunque superficiales [12].
Además, el protagonismo femenino, igual que en Marquina, se ofrecía como bandeja de plata para el asenti-
miento de compañías dirigidas por actrices, fueran Lola
Membrives, Josefina Díaz o Margarita Xirgu.

---

[10] A Antonio Rodríguez Espinosa, en *Epistolario, II,* ed. cit.,
p. 154. Resulta problemático fechar con exactitud esta carta.
No obstante, tenida en cuenta toda la relación del poeta con
Lola Membrives, la «obra nueva» es muy posible que fuera
Bodas.

[11] *Enfances et mort de García Lorca,* París, Seuil, 1968, páginas 313-14.

[12] La relación con el teatro modernista, y en especial con
Marquina, fue certeramente advertida por F. Lázaro Carreter:
«Apuntes sobre el teatro de G. L.», *Papeles de Son Armadans,*
18, 52 (1960), pp. 9-13; artículo recogido en *F. G. L.,* ed. I.-M.
Gil, pp. 271-286. Ha analizado comparativamente la relación
con los dramas rurales de Marquina M. García-Posada, en su
introducción a F. G. L., *Teatro, 1 (Obras, III),* Madrid, Akal,
1980, pp. 54-60. Aunque este crítico habla de «relación en tanto
que estímulo, que incitación», las dependencias que señala se
cumplen mejor con Valle Inclán o D'Annunzio. Marquina no
pasa de ser un estímulo, sí, pero accidental y exterior para las
tragedias lorquianas.

El verano de 1931 supuso para García Lorca la conjunción de tres proyectos distintos. En carta a Regino Sáinz de la Maza escribía: «He terminado mi obra *Así que pasen cinco años,* estoy *en cierto modo* satisfecho y llevo mediado el drama para la Xirgu. ¡Un esfuerzo, Regino! Además, he escrito un libro de poemas, *Poemas para los muertos,* de lo más intenso que ha salido de mi mano.» La cuartilla final de *Así que pasen cinco años* está fechada el 19 de agosto de 1931, por lo que la carta puede fecharse con seguridad en ese mismo mes o a primeros de setiembre [13]. El poeta estaba en Granada, en la Huerta de San Vicente, a la que su familia se mudaba al llegar el calor del verano. Allí fecha su «leyenda del tiempo», ofrecida un año antes (sin que estuviera, por tanto, terminada) a Margarita Xirgu. Del mes de agosto data también el comienzo de los *Poemas para los muertos,* proyecto de libro, en la dinámica creativa lorquiana, que se verterá en otro proyecto inacabado, *Tierra y luna,* del cual se nutrirán a su vez el *Diván del Tamarit* y *Poeta en Nueva York.* Queda, sin embargo, por identificar «el drama para la Xirgu», es decir, prometido o escrito para la actriz catalana, que ya le había estrenado *Mariana Pineda* y *La zapatera prodigiosa.*

En el lenguaje coloquial «comedia» o «drama» no exigen una adscripción genérica excluyente. Es lógico deducir, no obstante, que por drama hemos de entender una pieza de cariz trágico. Drama llama Marquina a *La ermita, la fuente y el río,* obra que Manuel Machado considera «verdadera "tragedia rústica"» [14]. Hemos de

---

[13] Vid. «Cronología del *Diván del Tamarit*», en mi edición del mismo libro, Madrid, Alianza, 1981, pp. 189-90.

[14] En «Opiniones», recopilación de juicios admirativos (de Andrenio, Fernández Almagro, Pérez de Ayala, D'Ors, Víctor

atender, pues, a las tragedias lorquianas, pues no parece pertinente considerar *El público,* máxime si tenemos en cuenta el rechazo aludido de *Así que pasen cinco años,* obra de menor complejidad. El comienzo de la escritura de *Yerma* se puede fijar en torno a junio de 1933 [15]. Descartada esta pieza, se impone como deducción legítima que García Lorca se refería en su carta a *Bodas de sangre.* La hipótesis se reafirma al advertir el ya citado protagonismo de los papeles femeninos, con la adecuación consiguiente para el lucimiento de una actriz. Sabemos, además, que la tragedia le había sido prometida inicialmente a Margarita Xirgu. El poeta le confesaría que había cometido con ella una deslealtad al entregársela a Josefina Díaz [16]. Todo conduce, pues, a admitir que el drama mencionado en la carta era *Bodas,* quizá todavía sin título.

Al lado de la hipótesis trazada, tenemos la puntualización de un periodista, quien glosa en una entrevista de 1933 datos que no pueden proceder más que del propio García Lorca. Tras aclarar que la fuente de la obra fue un suceso leído en la prensa, añade: «Cuatro años de latir juntos, tema y verbo... Surgió *Bodas de sangre.*» El suceso, al que luego aludiré, saltó a la prensa española en 1928. Tras la consiguiente maduración, la obra habría sido escrita en 1932. Precisa aún más un olvidado reportaje realizado durante los ensayos que precedieron al estreno:

Pradera, Andrés Saborit, Miguel Primo de Rivera, Conde de Romanones, etc.) que cierra la edición-homenaje realizada por *ABC* y *Blanco y Negro,* Madrid, Prensa Española, 1927, s. p.

[15] Justifico esta fecha en «Cronología y estreno de *Yerma, poema trágico,* de G. L.», *Rev. de Arch., Bibl. y Museos,* LXXXII, 2 (1979), pp. 289-315. Remito a este artículo para todas las incidencias surgidas en torno a *Yerma* a las que luego se alude.

[16] Vid. Antonina Rodrigo, obr. cit., p. 204; y María Teresa León: «Federico y Margarita», *El Nacional* (Caracas), 11.X.1956.

Cuando [García Lorca] siente que la obra meditada, madurada durante años y años está en sazón, se recluye y en la huerta de San Vicente —su residencia en Granada— da a luz su poema, su tragedia en este caso, porque *Bodas de sangre,* escrita este verano, es una tragedia, la primera —me dice— que se escribe en España desde hace muchos, muchos decenios [17].

Lo de decenios no deja de ser una hipérbole. Aparte de piezas como la *Fedra* de Unamuno, publicada en *La Pluma* en 1921, podemos recordar a Valle Inclán, que rotula *El embrujado* como «tragedia de tierras de Salnés, original.» Se estrenó en Madrid el 11 de noviembre de 1931, según consta en la edición de La Farsa, que el mismo mes la incorporaba a su catálogo (número 218). De todos modos, García Lorca habría escrito (o terminado) *Bodas de sangre* en el verano de 1932.

El mismo señalaba, ahora con cierta confusión cronológica, en una entrevista de 1935:

En escribir tardo mucho. Me paso tres y cuatro años pensando una obra de teatro y luego la escribo en quince días. No soy yo el autor que puede salvar a una compañía, por muy grandes éxitos que tenga. Cinco años tardé en hacer *Bodas de sangre;* tres invertí en *Yerma...* De la realidad son fruto las dos obras. Reales son sus figuras, rigurosamente auténtico el tema de cada una de ellas... Primero, notas, observaciones tomadas de la vida misma, del periódico a veces... Luego, un pensar en torno al asunto. Un pensar largo, constante, enjundioso. Y, por último, el traslado definitivo; de la mente a la escena...

¿Es una nueva hipérbole el plazo de «quince días»? El poeta quería marcar el contraste entre el nacimiento

---

[17] F. Lluch Garín: *«Bodas de sangre»,* artículo de 1933 en revista que no llego a identificar. Utilizo un recorte del Archivo G. L.

de la idea germinal y el tiempo transcurrido hasta su plasmación en una obra concreta. En este sentido no exageraba, pero hay que matizar sus palabras. Un año tardó en redactar *Yerma,* si bien con una larga interrupción entre los dos primeros actos y el tercero, en medio los itinerarios de La Barraca y el viaje a la Argentina. En cuanto a *Bodas* ha quedado la idea de una escritura de golpe. «Maduro el plan de *Bodas de sangre,* después de varios años de rumia —escribe Jorge Guillén—, la tragedia pasó a las cuartillas en una semana, quizá en menos de una semana» [18]. Es probable que esta afirmación provenga, directa o indirectamente, de la declaración anteriormente transcrita. Favorece, además, la imagen del poeta andaluz como genial improvisador, a lo Lope de Vega, imagen que sólo tiene una parte de verdad —como la simplificación extrema respecto al mismo Lope. A la vista del proceso creativo seguido para *La zapatera prodigiosa, Yerma, La destrucción de Sodoma* o la *Comedia sin título* (inacabadas estas dos últimas), cabe una suposición plausible: *Bodas de sangre,* iniciada en el verano de 1931, como pieza destinada a M. Xirgu, cobraría forma definitiva en el verano siguiente. Ha de advertirse que la primavera y el verano de 1932 fue tiempo concedido en su mayor parte a los ensayos y primeras actuaciones de La Barraca, cuya dirección compartía García Lorca con Ugarte [19]. Fue a éste a quien regaló el poeta el autógrafo de la tragedia, cuyo paradero actual se desconoce. Las ocupaciones, pues, de 1932 apoyan el hecho de una redacción rápida, pendiera o no de una parte ya escrita. La obra debió

[18] *Federico en persona. Semblanza y epistolario,* Buenos Aires, Emecé, 1959, p. 53.

[19] Vid. L. Sáenz de la Calzada: *«La Barraca», Teatro Universitario,* Madrid, Rev. de Occ., 1976, pp. 127-129; igualmente M. Laffranque: «Bases cronológicas», ed. cit.

ser terminada en agosto-setiembre, en la Huerta de San Vicente. Isabel García Lorca recuerda que su hermano ponía a todas horas en aquellos días discos del *cantaor* Tomás Pavón y de Bach. Tal insistencia musical tenía mareada a la familia. El 17 de septiembre, ya el poeta en Madrid, lee la tragedia en casa de su amigo Carlos Morla Lynch [20].

La dirección de La Barraca, con lo que supuso de renovado contacto con el teatro del Siglo de Oro, debió contribuir a la cristalización del proyecto, tan impregnada como está la obra de rasgos lopescos. No ha de olvidarse, en este sentido, una de las presentaciones del teatro universitario:

Nosotros queremos representar y vulgarizar nuestro olvidado y gran repertorio clásico, ya que se da el caso vergonzoso de que, teniendo los españoles el teatro más rico y hondo de toda Europa, esté para todos oculto; y tener encerradas estas prodigiosas voces poéticas es lo mismo que cegar las fuentes de los ríos o poner toldos al cielo para no ver el estaño duro de las estrellas [21].

Como prolongación personal de este proyecto de la República, García Lorca quiso sin duda realizar un teatro de raíz y contenido populares, dirigido, en su intención última, al mismo público con el que La Barraca se identificaba: campesinos, obreros e intelectuales. Sin entrar a discutir esta opción, el hecho cierto es que planeó (parece que tras el estreno de *Bodas*) una «trilo-

---

[20] Reseña la lectura en su libro *En España con F. G. L. (Páginas de un diario íntimo,* 1928-1936), Madrid, Aguilar, 1958, pp. 285-289. M. Auclair (obr. cit., p. 307) menciona una lectura previa, del mismo mes, en casa de R. Martínez Nadal.

[21] Cito por L. Sáenz de la Calzada, obr. cit., p. 123. Corrijo su transcripción por el facsímil que reproduce. El texto es de 1932.

gía dramática de la tierra española», al estilo de los tragediógrafos griegos y dentro de una tradición marcada por el teatro barroco. Además, volcó su interés, como él mismo reconocería, no tanto en el éxito de la crítica como en el del *verdadero* público, desentendido de la clientela burguesa que en su sentir estaba corrompiendo el teatro español.

FUENTE DE LA TRAGEDIA

El intento del poeta exigía una entrega, en mayor o menor grado, al realismo, una depuración de los rasgos que definían a la tragedia rural. No le servía el modelo de Benavente, ni el de Marquina, entre otros motivos por su ficción de una realidad campesina, incluida para el primer autor la de un lenguaje supuestamente rural (*Señora Ama,* 1908; *La malquerida,* 1913). La invención de argumentos «originales» (como recalca Valle Inclán para *El embrujado*) se nutría de dos tópicos que a veces entraban en pugna dentro de las mismas obras: de un lado, una visión arcádica de la vida de los campesinos; de otro, la pristinidad o fuerza incoercible de las pasiones humanas en ese medio, no reprimidas en su manifestación por el soterramiento que supuestamente impondría la vida ciudadana. El ámbito rural, pues, ofrecía una especie de ineditez bíblica: allí los hombres y mujeres lo eran de verdad, hasta sus últimas consecuencias. Sobre estos dos tópicos, combinados con mayor o menor sabiduría, no podía alzarse otro género que la tragedia, estuviera atenta a los modelos griegos o próxima, más que al teatro áureo, al drama romántico, pasado éste por el filtro modernista. D'Annunzio lograría una rara mixtura de los citados supuestos en *La hija de Iorio,* «tragedia pastoral» que traduce Ricardo Baeza y se representa en el teatro madrileño de La Latina en 1926 [22]. Cito esta obra porque algunos críticos la relacionaron con *Bodas de sangre* cuando ésta se estrenó. La comparación es sustancialmente inexacta, como ya advirtió Antonio Espina. Para aclarar el punto de partida del poeta andaluz es significativo recordar el reproche que le hace a Valle Inclán:

Salvando al Valle Inclán de los esperpentos, ése sí, maravilloso y genial, todo lo demás de su obra es malísimo. Como poeta, un mal discípulo de Rubén Darío, el grande. Un poco de forma, de color, de humo..., pero nada más. Y como cantor de Galicia, algo pésimo, algo tan malo y falso como los Quintero en Andalucía. Si se fijan ustedes, toda la Galicia de Valle Inclán, como toda la Andalucía de los Quintero, es una Galicia de primeros términos...: la niebla, el aullido del lobo...

Sea o no injusto García Lorca, importa notar la raíz de su ataque: la carencia de realismo, de veracidad, convertido el paisaje, humano o natural, en simple telón pintado. Para escapar de ese mundo sentido como de sombras, irá a buscar el argumento de sus tragedias en hechos reales, verdaderamente sucedidos. No debió ser una casualidad que tropezara con la fuente de *Bodas* en la sección de sucesos de un periódico. Según recoge Alfredo de la Guardia, que se basa en los recuerdos de Margarita Xirgu, el poeta decidió expresamente buscar en dichas secciones la «fábula» de sus obras [23]. Si esto fue así, no se trataba de una falta de inventiva —sobradamente demostrada—, sino de un afán de veracidad. Nada más ajeno al convencionalismo dramático de un

---

[22] Se publica en la colección El Teatro Moderno, II, 30, Madrid, Prensa Moderna, 1926. El estreno tuvo lugar el 3 de abril (p. 6).

[23] Vid. *García Lorca. Persona y creación,* Buenos Aires, Sur, 1941, p. 285.

Marquina en piezas como la citada *La ermita, la fuente y el río,* cuyo final se vuelve previsible a partir de una justicia poética que acude subrepticiamente al *deus ex machina* del castigo divino, entendido sin la más mínima grandeza. Deseada paga con su suicidio el exceso iluso de pasión (nunca desbocada, por otra parte), así como su desobediencia a los consejos del padre Anselmo. Inverosimilitudes y nieblas ideales —pastoriles— enturbian la credibilidad del conflicto dramático, en el fondo exaltación de una visión idílica del campesinado. García Lorca entendía que la realidad era superior a la ficción. Por ello no le dolerán prendas al recalcar la rigurosa autenticidad del tema de *Bodas* y *Yerma.* Al mismo tiempo, cumplía con una ley implícita en el género trágico, de acuerdo con la antigua preceptiva: convertir la Historia, reflejo de hechos particulares, en Poesía, especie que consagra lo universal. La clave se la estaba dando el teatro lopesco. Lo que para el dramaturgo barroco supusieron las crónicas, entre otras fuentes de inspiración, para el poeta moderno lo significarán las modestas crónicas periodísticas o los hechos por él mismo documentados (*Yerma, La casa de Bernarda Alba*). Pero no ha de malentenderse el afán de realismo. Igual que Lope en sus comedias de ambiente rústico, García Lorca construirá un teatro poético basado en la realidad. Nada mejor que escucharle cuando habla de «el drama de Lope de Vega, donde el mal llamado realismo ibérico adquiere tonos misteriosos e insospechados, de fresca poesía» [24]. Es el equilibrio que tratará de alcanzar en su trilogía dramática. El poeta sólo oía en el teatro de su época «corazones de serrín y diálogos a flor de dientes», como les dice en 1935 a los actores madrileños;

---

[24] En su presentación (1932) del auto sacramental *La vida es sueño.* Cito por Francisco García Lorca: *Federico y su mundo,* ed. M. Hernández, Madrid, Alianza, 1981, 2.ª ed., p. 487.

«pero el poeta dramático —añadía— no debe olvidar, si quiere salvarse del olvido, los campos de rocas mojados por el amanecer donde sufren los labradores, y ese palomo, herido por un cazador misterioso, que agoniza entre los juncos sin que nadie escuche su gemido». Frente a los campos de sufrimiento, el enigma del amor y la muerte; o, como dice la criada de *Bodas de sangre*:

> Porque el novio es un palomo
> con todo el pecho de brasa
> y espera el campo el rumor
> de la sangre derramada.

Esta sangre vertida es uno de los motivos que, constelando al tema de la muerte, recorre una parte sustancial de la obra del poeta. En su plano realista brota de acontecimientos historiables, como en una pieza paradigmática: *Llanto por Ignacio Sánchez Mejías*. Pero el plano real se transfigura tan profundamente que sólo el acopio de documentación resalta las huellas que han subsistido de las noticias inspiradoras. Frente al cotejo posible es más fecundo, sin embargo, el examen del tipo de sucesos que García Lorca poetiza. Una veta no desdeñable podría ser sintetizada en la fórmula de hechos de sangre o pasionales. A través de ellos el poeta conecta con un extenso sentimiento de dramatismo popular, que él explora y trasciende con inusitada riqueza. Por este camino se llega a la médula de su arte, definido por Pedro Salinas como «la visión del sino dramático del ser humano». El elemento trágico se convierte, pues, en nutriente esencial del mundo lorquiano. Su universalización no oculta los sucesos pasionales del diario vivir: «los celos, la riña, la muerte violenta». Salinas los ejemplifica a través del reflejo que dejan en varias composiciones del *Romancero gitano* y del *Poema del cante jondo* [25]. Podrían señalarse otras, como hace Morris, de *Poeta en Nueva York*. Así, «Asesinato (Dos voces de madrugada en Riverside Drive)» [26]. Este mundo callejero, de página de sucesos periodísticos (reyertas, navajazos, enfrentamientos de clanes o contra las fuerzas del orden) representa en lo temático un epicismo que puede ser considerado como carente de suficiente nobleza. De ahí los reproches de Menéndez Pidal contra el *Romancero* [27]. El sabio investigador olvidaba los orígenes de muchos nobilísimos romances antiguos.

Los ejemplos de esta temática son sin duda abundantes en la obra lorquiana. Atienden, en palabras de Francisco García Lorca, a la consideración de la muerte «como hecho abstracto —el poder destructor de la muerte, la vulnerabilidad de todo lo vivo— y la muerte personalizada» [28], bien sea en personajes que asumen entera categoría de ficción o en aquellos otros cuyo nombre real les liga a una vida identificable en la historia: Juana la Loca, Ciria y Escalante, Sánchez Mejías, Isaac Albéniz, etc. Estos nombres se encarnan en poemas elegíacos. Pero el poeta necesitaba plasmar en un molde narrativo complejo la fatalidad trágica del vivir humano. Por ello acude con temprana espontaneidad al teatro, en el que la visión poética, como le mostraba la tradición literaria, puede confluir con el progreso de una acción narrativa. Esta fusión conocerá soluciones distintas, pero

---

[25] Vid. «Dramatismo y teatro de F. G. L.», en *Literatura española del siglo XX*, México, Séneca, 1941, pp. 289-302; Madrid, Alianza, 1970, pp. 191-197. Se trata de una reseña de la primera edición de *Bodas de sangre,* en *Indice literario,* V, 37 (1936), pp. 25-31.

[26] Vid. C. B. Morris, *García Lorca: «Bodas de sangre»,* London, Grant and Cutler, 1980, p. 15.

[27] En *Romancero hispánico (Hispano-portugués, americano y sefardí). Teoría e historia,* t. II, Madrid, 1968, 2.ª ed., p. 439.

[28] Obr. cit., p. 204.

lo que interesa notar es que en el plano literario García Lorca tratará casi por el mismo rasero las muertes de Ciria o Mejías que la del desconocido Francisco Montes Cañada. Es claro que el poeta no actúa del mismo modo ante la crónica de sucesos luctuosos, germen de *Bodas de sangre*, y la muerte de seres concretos de su entorno ante los que no cabe el distanciamiento. Descontando, sin embargo, la emoción personal y el distinto tratamiento que imponen los géneros usados, la actitud ante el tema es por lo común tan idéntica que la separación de verdad y poesía deja de importar, ya máxima vencedora la segunda. Atento el poeta, por tanto, a la expresión del misterio unificador de la muerte, en su obra no se producen distinciones atendibles entre personajes ficticios y reales, entre amigos y desconocidos, entre altos y bajos. La crónica periodística de sucesos podía proporcionarle argumentos cuya trascendencia última, la volcada en una forma literaria, se nutre de una sola raíz: la visión de la vida humana como destino trágico.

El 25 de junio de 1928 la prensa española recogía un suceso acaecido en Níjar, un pueblo de la provincia de Almería en el extremo e inhóspito sureste de España. Marcelle Auclair ha relatado, siguiendo los recuerdos de Santiago Ontañón, la sorpresa de García Lorca al leer la historia en el diario *ABC*. Su comentario inmediato fue que allí había «un drama difícil de inventar» [29]. Sobre esta base surgiría *Bodas de sangre*. Por su parte, Francisco García Lorca (con quien concuerdan los recuerdos actuales de su hermana Isabel) señalaba como fuente *El Defensor de Granada*. Añadía después: «Recuerdo a Federico leyéndome la noticia de una novia de Almería que el día de su boda se escapó con su anterior amante. [...] Aparentemente el relato periodístico quedó olvidado. Sin embargo, algún tiempo después Fe-

---

[29] En Auclair, obr. cit., p. 304.

derico me habló de una idea que tenía para una tragedia: estaba basada en el incidente de Almería» [30].

Los dos testimonios no entran necesariamente en con-
tradicción. En julio de 1928 el poeta estaba en Madrid,
donde debió asistir a la salida del *Romancero gitano*.
Una evocación de aquellos días, cercana en el tiempo,
le recuerda precisamente en compañía de Ontañón [31].
Pero García Lorca debió partir para Granada en el mismo mes. Si para la creación de *Bodas* y *Yerma* él alude
a «notas, observaciones tomadas de la vida misma, del
periódico a veces», pudo perfectamente atender a los
dos periódicos citados, aparte de documentarse incluso
en otros distintos. Además, Francisco García Lorca, que
habla también de «una breve información periodística,
de unas veinte líneas» [32], debió conservar en su me-
moria una imagen bastante precisa de la página correspondiente de *El Defensor*. Esta fuente, pues, parece
fuera de toda duda. Aparte de esto, la noticia aparecía
aureolada de misterio e impregnada de un aire nove-
lesco que suscitaría la curiosidad de todos los lectores.
Ha de advertirse que la prensa de la época, y sobre
todo los diarios locales, dedicaban a este tipo de noticias
titulares y espacios más destacados que en la prensa actual. Parece coherente que el poeta tomara notas o se
empapara de los hechos a través de más de una fuente.

Pues recojo en apéndice el relato de *ABC,* atendamos
al de *El Defensor.* Los titulares que abrían la segunda
página del periódico granadino anunciaban en la fecha
indicada: «Trágico final de una boda. Es raptada la

---

[30] «From Granada to Bleeker Street», *The New York Times,*
30.I.1949. Cito por Gwynne Edwards: *El teatro de F. G. L.,*
Madrid, Gredos, 1983, p. 171.

[31] Luis Amado Blanco: «Meridiano español. Hace un año»,
Patria (La Habana), 4.XI.1937. Cito un fragmento en mi edición del *Romancero gitano,* Madrid, Alianza, 1980, p. 180.

[32] *Federico y su mundo,* obr. cit., p. 334.

novia, siendo más tarde asesinado el raptor. El misterio envuelve el suceso. Es detenido el novio burlado»:

Almería 24.—Noticias recibidas de Híjar *(sic)* dan cuenta de un trágico suceso ocurrido con motivo de celebrarse una boda, apareciendo hasta ahora rodeado de un gran misterio.

En la mañana de ayer contraía matrimonio una agraciada joven de veinte años, hija de un rico labrador, habitante de un cortijo cerca de dicho pueblo.

En la casa se reunieron novios, padrinos y numerosos invitados de las aldeas próximas.

Cuando se iba a celebrar la ceremonia religiosa, notaron que la novia había desaparecido, y por muchas gestiones que se practicaron no pudo ser encontrada.

El novio, avergonzado, salió en su busca y tampoco logró encontrarla.

Los invitados se retiraron cada cual a su domicilio.

Uno de ellos, montado a caballo, se dirigía a su cortijo, cuando a unos ocho kilómetros divisó el cadáver de un hombre tendido sobre la cuneta y oculto con matorrales.

Descendió de la cabalgadura, viendo con sorpresa que era un primo de la novia, que se oponía a sus relaciones.

Pidió auxilio, dando cuenta de lo ocurrido, y a poco se personó en aquel lugar la Guardia Civil, practicando numerosas investigaciones.

La Benemérita encontró a la novia en un lugar muy próximo al sitio donde se encontraba el cadáver de su primo, quien se apellidaba Montes Cañada y tenía treinta años de edad.

La novia, cuyas ropas estaban desgarradas, declaró que ella se fugó con su primo porque era a quien amaba, pero que en su huida les salió al encuentro un enmascarado, quien hizo cuatro disparos contra el primo, dejándolo muerto en el acto.

Los pendientes de la novia fueron encontrados cerca del cadáver.

El novio burlado ha sido detenido [...]

29

A la vista de esta exposición de los hechos llama la atención el que sólo se perfile de momento un nombre, el de Francisco o Curro Montes Cañada, Leonardo en *Bodas de sangre*. Quizá el poeta permaneció impresionado por la primera noticia, antes que lo sucedido se esclareciera en fechas posteriores. Sería este uno de los motivos por el que la individualidad de los personajes literarios se define por el papel que desempeñan en el conflicto dramático: Novia, Novio, Padre de la Novia, Madre del Novio, Leonardo, Mujer de Leonardo, Suegra, vecinas, muchachas, etc. Toda la carga dramática que cada uno conlleva estriba, como en un auto sacramental, en el papel que el destino les ha impuesto. La excepción del nombre de Leonardo probablemente arranca de la misma noticia periodística.

Por otro lado, el suceso se configuraba como un claro drama de honra, cuya mancha, según pedía una norma ancestral, había sido lavada con sangre. El asesino, tal como se descubrió finalmente, había sido un hermano del novio, movido por la «ofuscación y vergüenza» (*ABC*) que sintió ante la ofensa inferida a un miembro de su familia. Más terrible es aún el dato de que la novia había sido dada por muerta tras ser estrangulada por su propia hermana, casada con el hermano del novio. De ahí que fuera encontrada con las ropas rasgadas y sin pendientes. La prensa recogía también las circunstancias económicas que habían propiciado la boda incumplida (al revés que en la pieza lorquiana), cuya fijación debió contrariar los sentimientos íntimos de la novia, enamorada de su primo.

Había, pues, elementos sobrados para despertar la curiosidad y la imaginación. Contribuían a ello las declaraciones primeras de la novia, con la ocultación del asesino mediante la imagen de un misterioso enmascarado y el silencio absoluto sobre su hermana. De acuerdo con un código de valores todavía vigente en ese mundo rural, los asuntos de honra parecían seguir ligados al ámbito cerrado del secreto y la solución privada. No obstante, revelados los hechos por la investigación policial y la prensa, la historia buscó un cauce tradicional de difusión y dio pie a un detallado romance vulgar, del que seguramente García Lorca (buen conocedor del procedimiento, como atestigua *La zapatera prodigiosa*) no llegó a tener noticia. Romance y tragedia ejemplifican el doble plano, popular y culto, sólo tangentes en sus puntos comunes de partida. La relación en octosílabos ofrecía versos como los siguientes, puestos en boca del justiciero asesino:

> Yo no llevaba herramienta,
> su revólver le quité.
> Como la vida es amable,
> tres tiros le disparé [33].

Cuchillos y escopetas cercan en la tragedia a los huidos, pero sólo los primeros serán instrumentos de muerte. Se liga de este modo la acción dramática al temor latente en boca de la Madre al comienzo del primer acto. Y, frente al suceso real, mueren en la lucha novio y raptor a la vez:

> Los dos cayeron, y la novia vuelve
> teñida en sangre falda y cabellera.

---

[33] Cito por José-Luis L. Morales, «Vive todavía la protagonista de *Bodas de sangre*», *Blanco y Negro,* 8.II.1964. (Auclair traslada este artículo a *ABC*.) Recoge de nuevo el romance Fernando Valls Guzmán, «Ficción y realidad en la génesis de *Bodas de sangre*», *Insula,* 368-69 (1977), p. 24. Morales fue el primero que localizó la fuente periodística, ciñéndose al diario *ABC*.

La tragedia lorquiana se despega de los hechos y colma de sustancia poética, pasada en ocasiones por un tamiz folklórico, la bárbara anécdota almeriense. Para el cuadro de la despedida de la novia el poeta se inspira incluso en las cuevas-vivienda de la zona de Guadix, localización que la crítica recogerá como propia de toda la obra. Esta información debió ser dada por el autor para desviar la atención de las personas que habían intervenido en el reciente drama de Níjar. No obsta lo dicho para que mezclara paisajes y costumbres e introdujera en el cuadro epitalámico un coro que habla con ritmos e imágenes inspirados en canciones de tipo tradicional de antigüedad y procedencia diversas. Al mismo tiempo, en línea con intentos formales ya anticipados por Valle Inclán, lograba una prosa de una concisión y expresividad que no tiene por base exclusiva el habla andaluza, pues se entroncan en una veta de diálogo teatral que procede, en último término, de *La Celestina*.

García Lorca, no obstante, se documentó ampliamente en los sucesos reales. Incluso algunos detalles conducirían a la hipótesis de que tomó datos en fuentes ajenas a la prensa. De ser cierto, el hecho no sería trascendente más que en un único sentido: la voluntad primera de inspiración realista. Ha estudiado los puntos de contacto y de divergencia entre obra y suceso Valls Guzmán, quien llega a hablar de un paisaje contradictorio en la tragedia del poeta [34]. Es obvio, sin embargo, que hay que descartar de la comparación el tercer acto. Lo único que hace García Lorca es situar el conflicto dramático

---

[34] En artículo cit. en n. anterior, en el que analiza la génesis de la tragedia sobre noticias de la prensa almeriense. Morris (obr. cit., pp. 16-19) ejemplifica los sucesos a partir del *Heraldo de Madrid,* recogiendo incluso un novelizado diálogo entre la novia y su primo. Es probable que esta fuente sí fuera conocida por el poeta.

sobre un paisaje que, además de verosímil, le sirve de contrapunto o correlato simbólico de la acción. Para ello aprovecha o descarta elementos de la realidad de acuerdo con su propósito artístico. La obra resultante es en sí misma autónoma. Lo que subsiste en ella del drama de Níjar únicamente nos ilumina el proceso creativo seguido por el dramaturgo. Este se dejó captar por los hechos porque, aparte su dramaticidad primitiva, trasplantaban al presente una temática calderoniana contra la que ya se había rebelado en su *Amor de Don Perlimplín*.

CRÍTICA Y PÚBLICO ANTE EL ESTRENO EN MADRID

Bodas de sangre, «tragedia en verso y prosa, en tres actos, divididos en siete cuadros», según reza el programa de mano, fue estrenada el 8 de marzo de 1933 en el teatro Beatriz, por la compañía Díaz de Artigas-Collado. Los decorados eran de Manuel Fontanals y Santiago Ontañón. El primero, que estaba casado con la actriz Helena Cortesina (de la compañía de Lola Membrives), acompañaría después al poeta en su viaje a la Argentina y se encargaría también de los decorados de *La zapatera prodigiosa, Mariana Pineda* y *Yerma*. Ontañón colaboraba en La Barraca, junto con otros jóvenes pintores, y era amigo de personas como Luis Buñuel y Francisco García Lorca. Ha narrado éste la denodada labor de dirección realizada por su hermano en los ensayos. Refrenda sus recuerdos Josefina Díaz de Artigas, que encarnó el papel de la Novia:

Federico daba mucha vida a los ensayos. El era como una luz, una inquietud constante, un entusiasmo enorme, y era, además, muy joven. Dirigía también con Eduardo Marquina. [El cuadro de la mañana de la boda], que decían personas distintas, él lo puso como un concertante, que no hubiera una voz que no encajara con la otra. Y al terminar..., el teatro se venía abajo [35].

Como haría con *Yerma,* García Lorca prestó máxima atención a los interludios líricos, de cuya eficacia dramática en ocasiones se ha dudado. Seleccionó incluso el pasaje de la nana del caballo para su publicación suelta en la prensa [36]. Logró también contagiar su entusiasmo a los miembros de la compañía. Recoge el reportaje realizado durante los ensayos: «La actriz y el actor [Josefina Díaz y Manuel Collado], a pesar del rudo trabajo, del exigente criterio y la reiteración fatigosa a que les obliga Lorca están encantados, animosos, y aun le incitan a que extreme su rigor.»

La dirección fue compartida por Marquina y García Lorca. El primero acaso fue parte en la decisión del estreno, como ya lo había sido para el de *Mariana Pineda.* Mantenía, además, una buena relación amistosa con el poeta granadino, según me confirma Isabel García Lorca. Afirmaba con generosidad en el citado reportaje: «Quiero que sea la primer obra de autor auténticamente joven, es decir, nuevo, que llegue con toda fuerza, con toda eficacia al público.» Entra después a definir, al alimón con el autor, *Bodas de sangre:*

Tragedia libre de sentimientos, libre de accidentes —me dice Marquina, hundido en la sombra de las butacas—, se produce en tierras de Guadix, como pudiera producirse en las tribus primitivas: sólo obran en ella los impulsos vita-

35 En F. G. L., *Bodas de sangre,* con una introd. de José Monleón y otros textos, Barcelona, Aymá, 1971, p. 66; y Francisco G. Lorca, obr. cit., pp. 335-36.

36 Apareció, en recuadro de última página, en *El Imparcial,* 28.III.1933. (Dos días antes Valle Inclán había leído a la compañía de M. Xirgu *Divinas palabras,* según noticia del mismo periódico.)

les —y dirigiéndose a Lorca—, los centros del instinto, como repites en la obra.

La oscura raíz del grito —añade éste—, la fatalidad, el hado... Luego, hasta el bosque y la luna y la muerte: la tragedia se hace cósmica, todo entra en ella con fuerza e ímpetu, arrostrándolo todo sin miedo a nada.

Claramente se infiere que Marquina glosaba datos y puntos de vista debidos al propio autor: por un lado, la localización de la acción de la tragedia en tierras de Guadix, lo que también recogerán las críticas neoyorquinas de 1935; por otro, la universalidad del conflicto dramático, definidas las pasiones a través de un primitivismo que busca las más acendradas raíces de lo humano. Por ahí se llega a la intención de antilocalismo reiterada por el poeta, a la cosmicidad trágica que invade la obra cuando el «frenesí del tema» se expande en el tercer acto, trascendido el realismo de los hechos por una carga poética plenamente dominadora. Por ello el poeta prefería, según sus declaraciones, el cuadro «en que intervienen la Luna y la Muerte, como elementos y símbolos de fatalidad». Pero ya desde el arranque de la tragedia «pinceladas folklóricas de heterogénea procedencia» establecen, entre otros rasgos, la «difícil localización» que ha señalado Lázaro Carreter para el distinto ámbito de las piezas lorquianas [37]. Hay en ello una clara voluntad del poeta, que la crítica primera supo advertir.

En la estela de Marquina, destacaba Antonio Espina al día siguiente del estreno el antilocalismo latente en la tragedia, no necesariamente andaluza, así como su marcada distancia frente al «drama español pueblerino», con posible alusión a Benavente. Apartaba también la obra de la «tragedia rústica» d'annunziana y del «poe-

---

[37] Vid. artículo citado en n. 12.

ma nórdico del campo y del mar», pensando sin duda en Ibsen y en Synge. El éxito, añadía Espina, fue rotundo: «Federico García Lorca salió a escena al final de cada acto y en otros varios momentos de la tragedia» [38]. Presentes entre los espectadores, Benavente, los Alvarez Quintero, el propio Marquina y la pléyade juvenil de los poetas amigos: Guillén, Salinas, Altolaguirre, Aleixandre, Cernuda, Diego [39].

La crítica más amplia y brillante fue la escrita precisamente por Gerardo Diego, quien trazó en *El Imparcial* una visión de conjunto sobre el teatro lorquiano y su relación con lo musical [40]. Diego enjuiciaba certeramente a *Mariana Pineda* como «un libreto de ópera romántica», destacaba las escenas del *Perlimplín* «como estampas de ballet barroco, entre italiano y versallesco», y alababa, ante *La zapatera*, «el ritmo agilísimo de la farsa, que sabe escaparse así de su destino fundamental de sainete». Escribía —y cito por extenso— a propósito de la tragedia:

Bodas de sangre es, hoy por hoy, la más pura y bella realización de teatro poético que debemos a Federico García Lorca. Se ha ponderado, en justicia, su inspiración poética, que llega a los bordes de lo sublime en algún momento, la sobriedad y acentuación de su diálogo rústico, su valor simbólico y trágico, el encanto de sus proporciones y sus equilibrios plásticos. Teatro «a cuerpo limpio», si se me permite la frase, que nos trae de nuevo —y éste es, a mi juicio, su más difícil logro— el fresco hálito de vegas, bosques y serranías, alejado de nuestro teatro desde Lope de Vega y Gil Vicente.

---

[38] *Luz*, 9.III.1933. La reproduce I.-M. Gil, ed. cit., pp. 469-473.

[39] Auclair, obr. cit., p. 316. Añado por mi cuenta el nombre de Diego, dada su crítica posterior. A. Machado acudió días después, el 11, felicitando por carta al poeta.

[40] «El teatro musical de F. G. L.», *El Imparcial*, 17.IV.1933.

Los ilustres antecedentes implican tácitamente el desmerecimiento de la abundantísima producción de teatro en verso, sobre la que ese «fresco hálito» había soplado, en el mejor de los casos, muy tenuemente. Muerto está para nosotros el teatro de los Machado, por no decir el de Marquina, y cierta vitalidad subsiste, sin embargo, en el de Arniches, salvado precisamente por García Lorca. Como él aseguraba con plena razón: «Hay mil obras escritas en versos muy bien escritos que están amortajadas en sus fosas.»

Añadía a continuación Gerardo Diego cómo la Música se había convertido en personaje y voz de la obra, comparable a la Muerte o la Luna, disipando equívocos del siguiente modo:

Si *Mariana Pineda* era un libreto de ópera, *Bodas de sangre* es ya una ópera, un drama lírico, letra y música a la vez. Y no lo digo por los pasajes musicales, ni aun por los puramente líricos, pero de tan evidente linaje musical que, a través de una declamación deficiente [...], se diría que los escuchábamos, que los gozábamos en alma y música real. Aun suprimiendo tales ilustraciones, que son las únicas musicales de la obra, todo el resto lleva en sí la música dentro, transformada en sustancia poética y teatral.

[...] De puro musical que es *Bodas de sangre,* no toleraría el aditamento músico. La música es ya su savia, es ya su sangre y su sustancia, derramada en un sistema circulatorio de ejemplar equilibrio, rítmico y dinámico.

El propio García Lorca se haría eco casi literal de estas opiniones, caso excepcional ante la crítica, por elogiosa que fuera, de sus estrenos [41]. Gerardo Diego había

[41] En entrevista concedida antes de la reposición de *La zapatera* en Buenos Aires. La reproduzco en mi ed. de esta obra, Madrid, Alianza, 1982, pp. 154-57.

acertado en un punto grato al autor, como es el linaje musical de su teatro.

El 31 de mayo del mismo año 33 *Bodas de sangre* se daba a conocer en el Poliorama de Barcelona. El crítico de *La Vanguardia* elogiaba la calidad de la tragedia y destacaba dos momentos: el cuadro de la despedida de la novia, «de emoción y movimiento plástico y expresivo inolvidables», y «la intervención alegórica de la Luna y la Muerte». Sus «alternancias», añadía, «ponen elevación inesperada» en el tercer acto [42]. A juzgar por ésta y otras críticas, las opiniones coincidían con la del poeta sobre la estima preferente concedida al «cuadro epitalámico» y a la «fantasía poética» en que aparecen los dos personajes simbólicos: la Luna y la mendiga que encarna a la Muerte. El público debía reaccionar con sorpresa ante escenas que tenían mucho de innovador en el contexto del teatro de la época.

García Lorca no debió estar presente en el estreno de Barcelona. En cuanto al de Madrid, el éxito no debió ser el que esperaba, a pesar de los elogios de la crítica. Ya en Buenos Aires, el propio poeta recordaría:

La noche del estreno estaban presentes mis amigos, la intelectualidad, los críticos, y tuve un gran éxito. [En] las representaciones siguientes mi éxito con el verdadero «público» no fue tan ruidoso. Unos aplausos como diciendo: «Sí, está bien, muy bien». Y a otra cosa.

El verdadero público buscado por el autor —lo sabemos por declaraciones reiterativas sobre este punto— era aquel que nada tenía que ver con el que acudía a los estrenos de Benavente y Linares Rivas, a quienes había calificado en el Nueva York de 1930 como «héroes de la ramplona y sanchopancesca burguesía espa-

---

[42] M. Rodríguez Codolá, *La Vanguardia,* 2.VI.1933.

ñola»[43]. Si así juzgaba a los representantes de la llamada alta comedia, halagadora de un público creado a medida, su actitud frente a los Alvarez Quintero no era más piadosa que la de Valle Inclán[44]. De manera drástica y malhumorada respondía en el verano de 1933:

—¿Qué opina usted, en general, del actual teatro español?
—Que es un teatro de y para puercos. Así, un teatro hecho por puercos y para puercos.

El profundo contraste de la experiencia llevada a cabo con La Barraca ante un público constituido fundamentalmente por campesinos e intelectuales le llevará a ahondar en la muy unamuniana distinción entre público y pueblo, en su intención de crear un teatro popular, lo que suponía apartarse de un teatro para minorías e «ir a las masas», según expresión suya, en el deseo de radicar su mundo creativo, por independiente y personal que fuera, en las fuerzas renovadoras que había traído consigo la República. Por ello clamará por un teatro ajeno a las imposiciones de los empresarios y capaz de atraer, sin renegar del rigor artístico, a los socialmente desfavorecidos, hambrientos de cul-

---

[43] Vid. D. Eisenberg: «Un texto lorquiano descubierto en Nueva York. La presentación de Sánchez Mejías», *Bulletin Hispanique*, LXXX, 1-2 (1978), pp. 134-37; y en mi ed. cit., de *Diván del Tamarit* y *Llanto*, pp. 147-48.

[44] Cf. la anécdota narrada por Morla Lynch, obr. cit., p. 460. En una entrevista de 1935 ironiza sobre su andalucismo al imaginar que son vascos de Fuenterrabía, cuyo apellido real sería Quinteroenecherrea. En mi cit. ed. de *Yerma*, pp. 169-70. Valle Inclán declaraba en 1923: «El teatro es lo que está peor en España. Ya se podían hacer cosas, ya. Pero hay que empezar por fusilar a los Quintero.» Dru Dougherty, obr. cit., p. 82, n. 101. En el mismo libro se pueden consultar otras declaraciones igual de drásticas sobre estos, para Lorca, falsos andaluces.

tura: «los millones de hombres que esperan en los campos y en los arrabales de las ciudades», como dirá a los actores argentinos. Partiendo de la vieja idea, ahora reencontrada, de la capacidad educadora del teatro, insistirá en su conocida fórmula: supresión de palcos y plateas y «llegada de la luz de arriba», trocado el público (no pueblo) del patio de butacas por el del paraíso. Se desprende con claridad que su irrepresentado *El público* pretendía reflejar en parte a esa deleznable masa de espectadores que retrataría de este modo:

Ese [público] que se regodea con escenas en que el protagonista ante el espejo se arregla la corbata silbando y y llama de pronto a su criado... «Oye, Pepe, tráeme...» Eso ni es teatro, ni es nada. Pero la gente de plateas y palcos hacen lo mismo todos los días y se complacen en verlo. Yo arrancaría de los teatros las plateas y los palcos y traería abajo el gallinero. En el teatro hay que dar entrada al público de alpargatas. «¿Trae usted, señora, un bonito traje de seda? Pues, ¡afuera!». El público con camisa de esparto, frente a Hamlet, frente a las obras de Esquilo, frente a todo lo grande. Pero, ¡qué! Si lo burgués está acabando con lo dramático del teatro español, que es esencial en el teatro español.

Al poeta no se le escapaba, sin embargo, que el «público» que había acogido tibiamente *Bodas de sangre* en Madrid, o el mismo que aplaudiría arrebatado en Buenos Aires, no estaba compuesto por los usuarios de alpargatas. De ahí que se planteara la necesidad de reconducir y educar la sensibilidad de ese público burgués, que reivindicara la palabra arte por encima de las concesiones y que defendiera un criterio de autoridad: la del autor frente a su público. Si nos olvidamos de estas circunstancias, es imposible entender la función primera de los prólogos que puso a varias de sus obras dramáticas, ya desde *El maleficio de la mariposa*. Lo mismo puede decirse de la propagación de sus ideas a través de las entrevistas de prensa y discursos ocasionales, momentos que nunca desaprovechó con palabras de mero compromiso. Es difícil encontrar en la literatura contemporánea a un autor más preocupado por la recepción y recta comprensión de su obra, consciente, por otro lado, de lo que había en ella de innovador.

Estreno en Buenos Aires

Desconocemos el número de representaciones alcanzado por *Bodas de sangre* entre Madrid y Barcelona. Las fechas consignadas dan a entender que el éxito de público fue relativo, como aseguró el autor. De pronto se impondría el triunfo de Buenos Aires, en el que se marcan con claridad dos etapas: antes y después de la visita de García Lorca.

La actriz hispano-argentina Lola Membrives llevó a cabo con su compañía una temporada en el teatro Maipo, donde presentó *Teresa de Jesús,* de Marquina, *Los fracasados,* de Lenormand, *Santa Rusia,* de Benavente, y *Bodas de sangre.* La compañía inauguró sus actividades el 22 de mayo de 1933 con *Teresa de Jesús,* confiada en el sostenido éxito de esta obra en España. Fue, en efecto, la de más larga permanencia en cartel. *Bodas de sangre* se presentó el 29 de julio, poco antes de dar por cerrada la temporada. Alcanzó veinte representaciones consecutivas y una respuesta entusiasta por parte de crítica y público. El 7 de agosto terminaba la compañía su temporada, pues ya había adquirido otros compromisos, con lo que el límite para las representaciones de la tragedia estaba marcado de antemano [45].

---

[45] «Esta noche se despedirá Lola Membrives. Volverá al Maipo en los primeros días de octubre», *La Nación,* 7.VIII.1933.

Se deduce que Lola Membrives incluyó *Bodas* en su repertorio con prevención: la concedida, en último término, a una obra nueva y de autor aún no consagrado como dramaturgo de renombre. Debió ser la primera que se sorprendió del éxito. Escribía Edmundo Guibourg en el periódico *Crítica*: «Pocas veces los cronistas teatrales porteños han estado tan unánimes en exaltar los méritos de una novedad extranjera.» Añadía en tono de reproche: «¿Por qué la Membrives esperó al final de la temporada del Maipo para estrenar el poema trágico de García Lorca? Tal la pregunta que todo el mundo se formulaba la noche del estreno» [46].

Añadiré, como aportación curiosa, que *Bodas* se ofreció la noche del estreno como parte de una función extraordinaria en beneficio de una asociación llamada La Peña. Colaboró como director en los ensayos Octavio Palazzolo. Los decorados fueron obra de Jorge Larco. Demasiado complejos para una adecuada movilidad, exigieron el alargamiento de los descansos. Estos fueron cubiertos con *El amor brujo,* de Falla, fragmentos de Bach y la marcha nupcial *Cocq d'or,* de Rimsky Korsakoff. El crítico de *Noticias Gráficas,* que recoge estos datos, abogaba por la sustitución de la última pieza por otras de Albéniz o Granados [47].

La crítica ante esta fugaz presencia de *Bodas* sobre un escenario argentino fue unánime en el elogio. Es de interés destacar algunas observaciones, entre otros motivos por lo que tienen de juicio sincrónico, de descubrimiento de los valores nuevos admirados en la tragedia lorquiana. Como aspecto al margen, llama la atención la altura de estas críticas desgranadas en la prensa. En ellas se vislumbra la vitalidad intelectual del Buenos

---

[46] «El advenimiento de García Lorca», 1.VIII.1933.

[47] J. V., *«Bodas de sangre* es un admirable y bello poema de gran dramaticidad», *Noticias Gráficas,* 30.II.1933.

Aires de la época, así como la atenta calidad de su crítica teatral. Son extremos que se pueden comprobar en toda la relación de García Lorca con aquel mundo, que muy pronto descubriría personalmente.

El anónimo crítico de *La Nación* destacaba la calidad de *Bodas de sangre,* «con amplio margen de diferencia», aseguraba, frente al resto del repertorio ofrecido en el Maipo. En su opinión se trataba de «la obra de más fuerte belleza que ha subido a escena en España de varios años a esta parte». Resumía su juicio de este modo: «El tema es viejo, si se quiere hasta arcaico; la técnica es moderna, muy moderna, sobre todo para el teatro español, en su síntesis, en su economía de palabras, en su naturalidad, en la concentrada emoción que no desborda, sino que se aprieta hasta hacerse más honda. Y, cambiando los términos, es un drama de estructura moderna y, sin embargo, es una obra genuina, ranciamente española» [48]. La modernidad de la pieza lorquiana será dato destacado por la mayor parte de los críticos. El citado E. Guibourg afirmaba sobre el uso del verso: «Quien no comprenda el verso moderno, dirá que su verso parece prosa, aunque la verdad es al revés, pues la prosa asume categoría de verso» [49].

En posición contraria a la que sostendrán más tarde los críticos neoyorquinos, *La Prensa* sostenía: «Raro caso es este en que la verba encendida de lirismo de humildes labriegos no choca como artificial, y es que el poeta supo mantener íntegramente la poesía natural

---

[48] «En el Maipo se aplaudió ayer *Bodas de sangre.* La obra de García Lorca respira poesía fuerte y viril», *La Nación,* 30.VII.1933.

[49] Añadía este crítico: «El tema, el color, el sabor, la fuerza, la sugestión, hacen pensar en el D'Annunzio de *La figlia de Iorio,* en el Daudet de *L'arlessienne,* en el Feliú y Codina de *Jardines murcianos,* pero no para establecer parentescos literarios, sino como en un caleidoscopio de fulgurantes pasiones rurales.»

del campesino» [50]. Tanto *La Nación* como *Crítica* subrayaban en este punto cómo el poeta había huido de dialectismos, atento a definir los personajes por su carácter, no por las particularidades del habla, con probable alusión a Benavente y los Alvarez Quintero.

Finalmente, *La Razón* opinaba que la tragedia perdía en unidad en el tercer acto al tiempo que ganaba en sugestión. En coincidencia con declaraciones del poeta, puntualizaba la reseña: «En realidad este acto es un epílogo, sin una previa determinación —como en el duque de Rivas—, sino con una espontaneidad que nace de la emoción del mismo momento escénico» [51]. Había afirmado García Lorca en Madrid: «Venga en buena hora la poesía en aquellos instantes en que la disposición y el frenesí del tema lo exijan. Mas nunca en otro momento.» Y sobre la aparición de la Luna y la Muerte: «El realismo que preside hasta ese instante la tragedia se quiebra y desaparece para dar paso a la fantasía poética.»

Lo cierto es que el éxito de crítica y de taquilla aconsejó a Lola Membrives continuar con la obra en el Maipo a la vuelta de la gira proyectada, que la conduciría a Montevideo, donde estrenó la tragedia el 23 de agosto [52]. Al mismo tiempo, la actriz y su marido, Juan

---

[50] «Hay valores destacados en *Bodas de sangre*, estreno del Maipo», 30.VII.1933.

[51] «*Bodas de sangre*, bella tragedia de F. G. L. en el Maipo», 30.VII.1933. Afirmaba previamente el crítico: «En el acto tercero el dramaturgo cede el paso al poeta. Habla la Luna, se arrastra la Muerte, los leñadores profetizan la tragedia y la obra se desenvuelve en una atmósfera irreal y vaga, perdiendo en unidad y ganando en sugestión.»

[52] La fecha está dada por la actriz en la carta de la misma fecha que luego se cita. Aparte del citado artículo de *La Nación*, del día 7, véase también «Lola Membrives en un gran éxito», *Noticias Gráficas*, 2.VIII.1933. Indicaba esta nota: «La equivocación de la empresa ha consistido en creer que *Santa*

Reforzo (que actuaba como empresario), decidieron presionar al poeta para lograr su presencia en Buenos Aires. Así lo testimonia la correspondencia conservada, en la que también se refleja la urgencia por recibir una copia de *La zapatera prodigiosa* para su reposición [53]. Escribía Reforzo el 2 de agosto: «En veinticuatro horas ha ganado usted el primer puesto, como autor moderno, y como poeta, del teatro español.» Tras referirse a la «ovación atronadora» y los bravos que acogieron el estreno, «rompiéndose las manos aplaudiendo el público», agregaba: «Tengo la seguridad de que usted verá su obra. Vale la pena de hacer un viaje a B. Aires sólo por verla; no exagero.» El tono de halago se reafirmaba en nueva carta de sólo cinco días después. Con alusión que implica al mundo estudiantil de La Barraca y a los imaginados intereses del autor, afirmaba Reforzo: «Cuanto haga usted por venir lo encontrará compensado entre el elemento intelectual, estudiantil y todo el público, que ansía conocerle.» Insistía L. Membrives desde Montevideo, en carta del 11 de agosto:

Yo le agradezco la oportunidad que me ha dado para tener un éxito tan resonante en mi carrera. Sólo sueño con que usted me vea hacerla. Mucho me he acordado de Ignacio Sánchez Mejía *(sic)*, que me pronosticaba este éxito. Federico, no deje usted de venir: es para usted casi un deber corresponder con su presencia a *tanta* admiración, y están deseosos en todos los ambientes de oírle y hacerle presente su entusiasmo a usted personalmente. La obra ha dado mucho.

Teresa, de Marquina, gran éxito en España [...], atraería aquí también grandes corrientes de público.» Tras agregar que el éxito verdadero lo había pintado *Bodas,* agregaba: «La entrada de ayer en el Maipo pasó largamente los dos mil pesos —ignoramos la cifra justa— y para hoy había vendido ya anoche cerca de cuatrocientos pesos.»

[53] Correspondencia del Archivo G. L.

Pero el poeta ni se decidía ni contestaba siquiera a la suma de cartas. Seguramente estaba ya olvidada la negativa primera de la actriz para el estreno de *Bodas*. Lo que no se aclaraba, a pesar del rendimiento económico de las representaciones, eran las condiciones prácticas de viaje y estancia. Quizá fue ésta la razón que en un principio retrajo a García Lorca. Como fórmula para lograr su presencia se le ofreció finalmente un ciclo de conferencias en Buenos Aires, que coincidirían con la reposición de *Bodas* en la misma ciudad. Son estos los puntos que Reforzo explica en carta del 23 de agosto. Esta nueva carta venía dirigida a Santiago Ontañón, elegido como mediador. Según su texto, el silencioso poeta sólo había contestado a los diversos requerimientos lo siguiente: «Una vez consultados mis padres, le enviaré el *conforme*.» Esta conformidad, apoyada en la profunda relación y dependencia familiar que García Lorca sostuvo hasta su muerte, sin duda pendía también de los gastos previsibles. La independencia económica recientemente lograda con el estreno de *Bodas* no debía ser vista por el interesado como suficientemente consolidada. Reforzo remataba su carta a Ontañón con estas llamativas palabras: «No deje de escribirme, pues confío poco en Federico; y mándeme el libro de la Zapatera, que no sabe cuánto le quedaré agradecido» [54]. Es muy probable que la desconfianza fuera mutua, según se puede ver a lo largo de la relación. Llama también la atención que García Lorca se desinteresara aparentemente ante el estreno de *La zapatera prodigiosa* en Buenos Aires. Quizá le costara imaginar a Lola Mem-

---

[54] Enviaría incluso el siguiente radiograma a S. Ontañón: «Ruégole pida Lorca contestarme urgente Rodríguez Pena 375 B[uenos] Aires resolución venir dar conferencias coincidiendo reaparición Bodas de sangre estrenando después Zapatera envíeme libro agradecido Reforzo.» 24.VIII.1933. Del mismo archivo citado.

brives, dada su madurez, encarnando a su juvenil heroína, de sólo dieciocho años.

Las negociaciones epistolares tuvieron eco en la prensa. Una nota de *Crisol* anunciaba el 4 de octubre la próxima llegada del poeta, «luego de creerse definitivamente fracasadas las gestiones» [55]. El escenógrafo Manuel Fontanals también había sido reclamado por la actriz. García Lorca daría, según *La Prensa,* cuatro conferencias en la Asociación de Amigos del Arte, la primera el día 19:

«Cómo cantó una ciudad de noviembre a noviembre», con números de piano por él mismo: «Poeta en Nueva York», comentarios a un libro inédito: «El canto primitivo andaluz» y «Juego y teoría del duende» [56].

El 29 de setiembre, al fin, poeta y escenógrafo se habían embarcado en Barcelona, a bordo del barco italiano *Conte Grande.* Declararía el primero: «Hemos venido trabajando todo el viaje. El barco venía cargado de momias. No hemos hablado con nadie. Leíamos y trabajábamos. Aparte de eso nos divertíamos mucho y reíamos más.» Una de las momias aludidas debió ser el diplomático argentino Ezequiel Ramos Mexía, según esclarece un reportaje que incluyo en apéndice. El personaje, que venía de una misión en Roma, sería recibido en el puerto de Buenos Aires por un grupo de «legionarios», que le saludaron «a la manera fascista».

El barco tocó puerto el 13 de octubre en Montevideo,

---

[55] «García Lorca a Buenos Aires», 4.X.1933.
[56] «Llegó a esta capital el escritor español F. G. L. Pronunciará un ciclo de conferencias en la Asociación Amigos del Arte», *La Prensa,* 14.X.1933. En éste y otros periódicos la primera conferencia se anunciaba con la forma verbal en indefinido, no en presente, según es actualmente conocida: «Cómo canta una ciudad...»

donde ya se conocía *Bodas de sangre,* estrenada en el teatro 18 de Julio. El poeta se vio literalmente asaltado por los periodistas, que a duras penas lograron hacerle «posar» para las fotografías. Su actitud intimidada da a entender la sorpresa recibida. Ya recuperado, se explayaría por extenso con Pablo Suero, periodista y hombre de teatro, que le acompañaría en el trayecto Montevideo-Buenos Aires, logrando dos amplios reportajes. Recibieron al poeta en la primera ciudad Enrique Díez-Canedo, entonces embajador español en el Uruguay (además de prestigiado crítico teatral y antiguo amigo), junto con Juan Reforzo y otras personas del mundo del teatro, que, según *El Diario Español,* se dieron el madrugón para saludarle [57].

Ante tanta cordialidad García Lorca se declara inmensamente agradecido por la acogida dispensada a su tragedia. Los periodistas ensayan su descripción física. Pablo Suero alude a su «risa un poco ronca» y a la «mirada color ciruela», a la vivacidad y fuerza de sus palabras, «poniendo pasión y fervor en lo que dice», a su cordialidad y humanidad como términos que resumen al hombre. Otro periodista le calcula 26 años, aunque tiene 35. El fallido cálculo quizá divirtiera al joven autor, que ya de tiempo atrás solía quitarse uno o dos años. A su vez el periodista traza el siguiente retrato, casi de ficha policial: «De estatura mediana, morocho, de rostro más bien cobrizo, pelo negro, cejas espesas, frente ancha, boca chica, mirada penetrante, de nariz pequeña, cara casi redonda.» No es extraño que el poeta se burlara, en el *Retablillo de Don Cristóbal,* de su «cara

---

[57] «Pasó ayer por Montevideo una de las figuras más representativas de la intelectualidad española», 14.X.1935. Sobre la relación con Montevideo, vid. Hortensia Campanella, «Profeta en toda tierra. F. G. L. en Uruguay», *Insula,* 348 (1978), p. 10; M. García-Posada, «G. L. en Uruguay», *Triunfo,* 21-22 (julio-agosto 1982), pp. 82-87.

de pan de maíz». El diario *El Pueblo* le dedica un reportaje con fotografía, en la que aparece con Canedo, y autógrafo: «Un cordial saludo al público de Uruguay por medio de El Pueblo. Federico García Lorca»[58]. El trazo indesmentible de su escritura, incluso con la habitual carencia de acentos, ponía un sello personal en lo que sería la estancia del poeta en las dos repúblicas americanas.

Interesa resaltar un dato aportado por este reportaje. En él se enumeran las actividades programadas y se concluye: «Asistirá al estreno de *Los amores de Don Perlimplín,* que trae para la eminente comedianta.» Aunque el título esté ligeramente alterado, el poeta debía contar con esta posibilidad. A fines de noviembre declara de manera explícita: «Es casi seguro que estrene *Amor de Don Perlimplín con Belisa en su jardín,* una cosita ligera, en un acto, muy diferente de *Yerma* y *Bodas de sangre*»[59]. Si la censura había impedido, bajo la dictadura de Primo de Rivera, el estreno proyectado en 1929, es probable que ahora fuese la compañía teatral la que desistió. Al parecer ninguno de los actores se veía dispuesto a encarnar al trágico don Perlimplín, *cocu magnifique* que aparecía en escena con la cabeza coronada de grandes cuernos dorados.

REPOSICIÓN EN BUENOS AIRES

Lola Membrives estrenó, pues, *Bodas de sangre* en Montevideo, Rosario y Córdoba, en esta última ciudad

---

[58] «Llegó ayer a Montevideo el poeta español F. G. L. En nuestro puerto se le tributó una cordialísima acogida al autor de *Bodas de sangre*», 14.X.1934. Véase también «Se trasladó, anoche, don Juan Reforzo a Montevideo», *La Razón,* 12.X.1933.

[59] En *La Razón,* 28.XI.1933. La entrevista está recogida en mi ed. de *La zapatera prodigiosa,* pp. 148-51.

el 17 de octubre, cuando el poeta llevaba ya unos días en la capital argentina [60]. El éxito de la tragedia lorquiana imponía su reposición en Buenos Aires, pero no en el Maipo, como fue el designio primero de la actriz, sino en el Avenida, de la Avenida de Mayo, donde se puso el 25 de octubre. García Lorca había iniciado ya en ese momento su ciclo de conferencias, que fueron transmitidas por radio. Reseñas y titulares de prensa dan cuenta de la imposición rotunda de su personalidad y palabra. *La Razón* le describe como «disertante de ingeniosas razones y palabra seductora» [61]. La expectativa quedaba asegurada dentro de este contexto. La noche de la reposición la asistencia fue desbordante: «Lleno con exceso el amplio galpón del Avenida, desbordantes los palcos de entusiastas admiradores del poeta y del artista, de pie en el patio de butacas y en las gradas los innumerables espectadores que no pudieron conseguir asiento: así era el público. Parecía llamado a rendir un homenaje y en verdad fue a rendirlo» [62].

La representación se inició con un breve saludo del poeta al público, lo que hizo mediante una alocución en la que evocaba agradecido la baraja de pueblos que han formado el ser de Argentina. Apuntaba además: «En los comienzos de mi vida de autor yo considero como fuerte espaldarazo esta ayuda atenta de Buenos Aires.» Terminaba aludiendo a Darío y su *Canto a la Argentina* (1914), con mención indirecta de la bandera

---

[60] En el Rivera Indarte: «Drama recio y de pasión impetuosa es el de G. L.», *Córdoba,* 18.X.1933. Se iniciaron gestiones para que el poeta visitara la ciudad: «L. Membrives estrenó en Córdoba *Bodas de sangre*», *Tribuna Libre* (B. Aires), 21.X.1933.

[61] «Reposición de *Bodas de sangre.* Precederá al espectáculo una salutación de G. L.», 24.X.1933.

[62] «La reaparición de L. Membrives fue triunfal. ¡Viva García Lorca!», *Crítica,* 26.X.1933.

del país: «vítores azules y blancos» sobre una rosa de los vientos de un imaginario mapa antiguo. La atención de la ciudad se vertía sobre quien era consciente del terreno firme que pisaba, como había probado la ciudad antes de su presencia. Ahora el triunfo se afirmó sobre todo a través de los dos cuadros del segundo acto y la apoteosis del tercero. Al final de la representación se vitoreó la labor de Lola Membrives y ésta se dirigió al poeta llamándole «capullo de gloria de la nueva España», es decir, de la iniciada con el advenimiento de la segunda República [63].

Bodas de sangre prestigió de forma absoluta el nombre del poeta español. *Tribuna Libre* indica en enero de 1934 que se habían alcanzado 125 representaciones, «en pleno verano [austral] y en medio de las mayores dificultades de un momento pésimo para la vida de las carteleras». En ese momento *La zapatera prodigiosa* llevaba ya 50 representaciones [64]. Debido quizá a las mencionadas dificultades *Bodas* se transmitió más de una vez, desde el mismo escenario del Avenida, para España y todos los países sudamericanos. Igualmente fueron transmitidas sus conferencias, salvo «Cómo cantó una ciudad de noviembre a noviembre». El poeta no quiso que sus posibles gallos volaran por las ondas, pues cantaba al piano las canciones antiguas que ilustraban su descripción de Granada.

Ante el éxito de las conferencias, el 14 de noviembre inició su repetición en el teatro Avenida. Disertó ese día sobre «Juego y teoría del duende. El enigma del alma española». Diez días después se celebró la 100ª repre-

---

[63] *Crítica,* 26.X.1933. Suelto sin título.

[64] «Pruebas evidentes», 4.I.1934. «Cuando todas las obras pasan sin pena ni gloria, cuando se cierran teatros y se disuelven elencos, la compañía de la señora Membrives, con dos obras del gran poeta español, se mantiene airosamente en un ambiente de éxito nada despreciable.»

sentación de *Bodas*. Asistió el presidente de la República, que acudió también a un banquete de homenaje [65]. *Correo de Galicia* explicaba que en el teatro argentino no se había producido un triunfo semejante desde *Barranca abajo,* la tragedia de Florencio Sánchez estrenada en 1905. Unicamente obras cómicas o revistas habían sobrepasado ese número de representaciones. El interés por ver el texto de la tragedia impreso se acrecentaba. Según indicaba el periodista, García Lorca «es refractario (pudor inexplicable) a publicar sus obras», a pesar de la «constante petición de ejemplares». Observaba a continuación: «Un humilde manuscrito pasa de las manos del apuntador, cuando terminan las representaciones, a las del archivero, que cuida de él como de alhaja única, tras la que se alargan todos los dedos» [66].

Bodas de sangre no se publicaría hasta enero de 1936. Si el recital público y privado antecedía, como probada norma vital, la edición de los libros poéticos, la pieza teatral, aún con mayor razón, seguía un proceso paralelo. García Lorca no sólo retarda la publicación de *Bodas*. Del mismo modo actúa ante *Yerma,* a pesar de las solicitudes editoriales, probablemente a la espera del estreno en América. Nada edita, en cambio, del *Perlimplín* o de *Así que pasen cinco años,* y sólo anticipa un fragmento de *El público,* obra, en este caso, de cuyo estreno desconfiaba profundamente. Estas circunstancias no impiden lo que *El Correo de Galicia* califica como «este raro fenómeno de difusión extraordinaria,

---

[65] «La 100ª representación de *Bodas de sangre,* el poema dramático de G. L., transmitido en varias ocasiones, dio motivo a una interesante velada», *Antena,* 25.XI.1933; sobre el banquete, con la presencia del general Justo, *«Bodas de sangre»,* *El Cantaclaro,* 8.XII.1933.

[66] «En honor de F. G. L.», 19.XI.1933. Sobre *Barranca abajo,* vid. Jean Franco, *Historia de la Literatura Hispanoamericana,* Barcelona, Ariel, 1975, pp. 432-33.

de conocimiento excepcional de una labor que casi no ha surgido a la luz». Si esto fue logrado, sobre todo, a través de la palabra oída, entraba en la magia del hecho la misma personalidad del poeta, que imponía, con su simpatía, sus propias reglas de juego. Así se explican frases como éstas: «Buenos Aires ha correspondido al hombre generoso y profundamente cordial entregándose como una novia: toda la ciudad es para García Lorca.»

El poeta había acudido a Buenos Aires para una corta estancia, que se prolongó a seis meses. La exaltación de su triunfo no careció, sin embargo, de alguna nota discordante. Destaca la hinchada reprimenda que sobre sus espaldas volcó *El Diario Español,* en total desacuerdo con los niveles comparativos que había establecido la crítica porteña. En ningún caso podía admitirse la superioridad —decía la crónica— del joven autor sobre Benavente, Arniches, los hermanos Alvarez Quintero, Muñoz Seca, Villaespesa o Marquina; no se podía comparar tampoco *Teresa de Jesús* o *Santa Rusia* con la inferior *Bodas de sangre.* Se decía esto con patriotera petición de disculpas: «Como españoles [...] no derribaríamos el falso pedestal en que inconscientemente se ha elevado García Lorca por obra y gracia del materialismo.» Sin esclarecer en qué consistía dicho materialismo (parece que el «destilado» por la pieza lorquiana, «canto material» prenerudiano), lo que verdaderamente ofendía al anónimo redactor eran las comparaciones. Añadía una por su cuenta: a García Lorca le pasará lo que a Pirandello, exaltado hasta el cielo en su visita a Buenos Aires y luego completamente olvidado. Pero más allá de la dialéctica entre fama y olvido, venía a decir, tampoco era parangonable la «textura ideológica» del dramaturgo italiano con aquello de «Vecinas: con un cuchillo»... Eso, terminaba, «será para la crítica lo que quiera ser, pero ni es poesía, ni es prosa rimada, ni tiene sentido común, porque es incomprensible, sin métrica, sin galanura y sin consonancia alguna» [67].

Pero los hechos eran indesmentibles. Un empresario teatral argentino, entrevistado en Madrid en enero de 1935, respondía de este modo a la pregunta «¿Cuáles han sido los éxitos más considerables de esta temporada [en Buenos Aires]?: En primer término, García Lorca, personalmente y con sus obras *Bodas de sangre* y *La zapatera prodigiosa*.» Precisaba poco después Lola Membrives: «*A Bodas de sangre* le hemos dado por allá 180 representaciones. Y ciento cincuenta a *La zapatera*» [68].

La actriz presionó todo lo que pudo al poeta para poder estrenar *Yerma* en Buenos Aires, prolongando así el éxito y el rendimiento obtenido con la primera tragedia. Ha escrito Blanco-Amor: «*Yerma* fue concebida —prometida— para la Membrives, de quien Federico discrepó, con bastante jaleo, al final de la gira por los países del Plata» [69]. Si la discrepancia es cierta, como concuerdan documentos y biógrafos, parece que *Yerma* había sido pensada para Margarita Xirgu. Lola Membrives, no obstante, decidió reponer *Bodas de sangre* en Madrid, quizás sin demasiado entusiasmo por parte del autor. Morla Lynch cuenta una anécdota significativa: una noche llega a su casa un hombre exasperado, Juan Reforzo, buscando al poeta granadino, al que no encuentra por ningún sitio; necesita el texto de *Bodas* para una reposición que prepara su mujer y la

---

[67] «De lo justo a lo excesivo de la crítica hay el mismo paso que de lo serio a lo ridículo del teatro. Apuntes sobre un tema del fracaso y la égloga del canto material», 28.I.1934.

[68] José L. Salado, «Con L. Membrives a propósito del lorquismo puro», *La Voz,* 7.II.1935; y *Heraldo de Madrid,* 11.I. 1935, donde se recogen las palabras del empresario Jacinto Fernández.

[69] «Federico, otra vez; la misma vez», *El País,* 1.X.1978.

obra ya está anunciada. Finalmente se le proporciona una copia, que los amigos del poeta conservan y no, curiosamente, Lola Membrives [70]. Acaso García Lorca había rescatado el ejemplar usado en las representaciones de Buenos Aires, incluso para atajar las presiones en favor de la publicación.

La tragedia se repuso en el Coliseum el 28 de febrero de 1935. Ha recordado Morla Lynch: «Después de los aplausos tibios, pero en cierta manera insistentes, Federico —acostumbrado a las salas repletas y a las ovaciones delirantes—, al final del tercer acto se presenta en el escenario discretamente serio y un poco pálido. No ilumina su rostro ese resplandor que le es propio cuando está a gusto y contento» [71]. La crítica, sin embargo, fue admirativa. Observaba al día siguiente Arturo Mori en *El Liberal*: «El tiempo acomoda al público a las modernidades legítimas. Y García Lorca es hoy el poeta del teatro que no era al estrenar *Bodas de sangre*. Y el caso es que esta misma comedia parecía anoche una revelación. *Yerma* ha hecho el milagro» [72]. La paradoja de la tardía revelación de *Bodas* quedaba referida no ya al triunfo argentino, sino a la nueva perspectiva creada por el estreno y coincidente presencia de *Yerma* en el teatro Español. A estas circunstancias se sumaba el alboroto crítico que la segunda tragedia había suscitado. Podía leerse en la crónica de *La Tierra*: «Teatro para que los enemigos del autor, que son muchos ya, afortunadamente para el autor, comenten a su antojo lo que no entiendan, las sensaciones que no están capacitados para percibir» [73]. Por su parte, escribía Díez-Canedo: «En la

---

[70] Morla Lynch, obr. cit., pp. 440-41.

[71] Ibid., p. 444.

[72] «Coliseum. Se presenta L. M. con *Bodas de sangre*, de F. G. L.», 1.III.1935.

[73] F. Paredes, «L. M., admirable intérprete de *Bodas de sangre*», 1.III.1935.

obra dramática de García Lorca, tal como hoy se la ve, *Bodas de sangre* es flor y espiga, como *Yerma* es pan y fruto» [74]. La perspectiva se desplaza aquí a la consideración interna de las dos obras, a partir de una alegoría vegetal que implica un criterio de evolución en parte inexacto. Cada obra obedece a una intención distinta, aunque tampoco se puede negar la experiencia adquirida.

Los decorados eran de los argentinos Jorge Larco y Carlos Ferrarotti. Los miembros de la compañía coincidían parcialmente con los intérpretes de Buenos Aires. La competencia de *Yerma,* que alcanzaría 150 representaciones, debió influir en la breve presencia de *Bodas* en cartel. El 18 de marzo Lola Membrives reponía *La zapatera prodigiosa.*

EL EPISODIO NEOYORQUINO

Días antes de la reposición madrileña, García Lorca debía estar pendiente de las noticias que esperaba de Nueva York. *Bodas de sangre,* traducido bajo el título de *Bitter Oleander* (*Adelfa amarga*), era estrenada el 11 de febrero de 1935 en el Lyceum Theatre, de la calle 45, por el prestigioso The Neighborhood Playhouse, que dirigía Irene Lewishon. El grupo conmemoraba su vigésimo aniversario, por lo que la elección de la obra española cobraba especial relieve. Habían entrado en su repertorio con anterioridad piezas de Lord Dunsany, Bernard Shaw, Chejov, Robert Browning, Andreyev, Vildrac, O'Neill, Yeats, Lenormand y Joyce, entre otros. De autores españoles habían sido

---

[74] *La Voz,* 1.III.1935. No figura la fecha en la recopilación *Artículos de crítica teatral. El teatro español de 1914 a 1966,* t. V, *Elementos de renovación,* México, Mortiz, 1968, pp. 139-40.

elegidos hasta entonces los hermanos Alvarez Quintero
y Martínez Sierra. Por otro lado, tres días antes del estreno de *Bitter Oleander* otro teatro neoyorquino daba
a conocer *Field of Ermine* (*Campo de armiño*), de Benavente [75].

En octubre de 1933 García Lorca daba noticia, en entrevista con Pablo Suero, del proyecto de Irene Lewishon, a quien definía como «mujer artista y millonaria».
De acuerdo con sus datos, la traducción ya estaba terminada antes del viaje a Buenos Aires. Se habían encar-
gado de ella José Weisberger, para la prosa, y Edward
M. Wilson, traductor de Góngora, para el verso. El primer nombre es el único que figura en el reparto que
reproducen las reseñas del estreno neoyorquino. Desco-
nozco cualquier otra mención, aparte de la del poeta,
sobre la intervención de Wilson en la traducción.

Existe, no obstante, un dato que testimonia la relación entre García Lorca y Wilson. Dámaso Alonso debió
poner en contacto al hispanista británico con los poetas
de su generación. En una tarjeta postal dirigida a Mathilde Pomès, fechada con letra de Pedro Salinas el
20 de diciembre de 1931, en el frontón madrileño Jai-
Alai, figuran las siguientes firmas: Federico García Lorca, Pedro [Salinas], Sánchez Mejías, Gerardo Diego,
José Bergamín, Melchor Fernández Almagro, Edward
M. Wilson, Dámaso Alonso, Jorge [Guillén], Manolo
[Altolaguirre] [76].

[75] Vid. Clayton Hamilton, «The Neighborhood Playhouse and
a birthday», *The New York Times,* 10.II.1935; Stark Young,
«Spanish plays», *The New Republic,* 27.II.1935. *Campo de armiño,* adaptada por John Garrett Underhill, se estrenó el 8 de
febrero en el Mansfield Theatre.
[76] Facsímil en «1977: 50 Aniversario de la Generación del 27.
Tres tarjetas enviadas por el grupo a Mathilde Pomès. (Archivo
de Manuel Sito Alba)». Del mismo: «Mathilde Pomès y la generación del 27», *Insula,* 368-69 (1977), p. 22. Agradezco el
conocimiento del facsímil a María Isabel Falla.

En cuanto a Weisberger contamos con la descripción de Morla Lynch: «excelente amigo de todos, israelita, extraordinariamente culto y muy artista». Menciona el diplomático chileno una informal noche de trabajo que tuvo lugar en su casa, a finales de junio de 1933. Participaron Weisberger, García Lorca y Martínez Nadal[77]. La presencia del poeta queda explicada en sus palabras posteriores: «La versión será fidelísima, pues yo he reemplazado por otros los vocablos o los giros intraducibles.» Es lo que debió suceder con el título. *Adelfa amarga,* frente a la traducción que más tarde se ha consagrado (*Blood Wedding*), lleva la clara impronta del poeta. Recuérdense estos versos de un poema de las *Suites*:

> Si tú vieras a la amarga
> adelfa sollozar,
> ¿qué harías, amor mío?

Igualmente el poema «Nu», de *Canciones*:

> Bajo la adelfa sin luna
> estabas fea desnuda.

> [...] Qué fea estabas, francesa,
> en lo amargo de la adelfa.

La Madre de *Bodas* pide al fin ante el cuerpo muerto de su hijo:

> Que te pongan al pecho
> cruz de amargas adelfas.

El simbolismo tradicional de la adelfa queda claramente ligado a la desposesión amorosa o vital, a ese ámbito de la frustración erótica que triunfa en *Bodas de sangre*.

---

[77] Obr. cit., p. 363.

Irene Lewishon viajó a España para comprar, bajo la supervisión del poeta, enseres y objetos que pusieran un sello de autenticidad en la puesta en escena de la tragedia. A pesar de este cuidado, la crítica neoyorquina no fue demasiado entusiasta. El propio García Lorca resumiría en dos las objeciones que se pusieron a su pieza teatral: que los campesinos de la realidad no hablaban como los de *Bodas*; que la obra era ajena a la civilización americana. Aludía después a una encuesta realizada entre intelectuales, quienes habían respondido con elogios unánimes.

Se pueden considerar positivas, aunque en tono moderado, las críticas publicadas en *The New York Sun* y *Brooklyn Citizen* (12.II.35), en *The New Republic* (27.II.35), así como las dos del *New York Herald Tribune* (12 y 24.II.35). La obra, tenida por bíblica y primitiva, fue valorada por su fuerza y belleza, no obstante lo ajeno de los comportamientos y lo fallido de la traducción, juzgada como demasiado literal y poco acertada en algunos giros idiomáticos adoptados. Se resaltaba la estilización, la intensidad poética, el sentido inminente de tragedia que rige la obra desde la primera escena. Sostenía Stark Young en *The New Republic*: «The drawing in various scenes is clean and final. The whole approach is, to a considerable degree, stylized and simplified. The direction indicated is noble, Giotesque and right.»

Otro era el juicio, el día siguiente del estreno, de las reseñas aparecidas en *New York Post, New York Evening Journal, New York American* y *Daily Mirror*. Algunas son duramente irónicas. Se rechazaba el exceso de color local, los pasajes musicales propios de una comedia musical o de una zarzuela, el lenguaje florido y artificioso de los campesinos, que parecían exhibir su dominio de catálogos de horticultura. Ya he señalado como otros críticos de lengua española entendían el problema de manera opuesta. Llama, además, la atención que se atacara la brevedad de las réplicas: «When one monosyllable won't do, they use only two; and when these fail, the castanets click, and the bystanders sing, lament or dance» (*Daily Mirror*). El crítico de *The New York Sun* aludía a la nana del caballo, con amplia incomprensión, como pieza que podría haber sido escrita por Gertrude Stein. Ante la divergencia de opiniones y la causticidad sin paliativos de algunas reseñas cabe sospechar que la condensación dramática y ciertas imágenes líricas resultaban extrañas por su novedad. En lo que casi todos venían a ponerse de acuerdo era en lo insólito de las costumbres reflejadas, contrarias a los gustos del país, donde los asuntos importantes de una boda eran resueltos por las suegras, como advertía S. Young. Este mismo crítico señalaba el parentesco de *Bodas* con *La hija de Iorio,* pieza que consideraba inexportable.

El éxito neoyorquino de *Bodas de sangre* fue, por consiguiente, escaso. Se apreció, sin embargo, al poeta dramático, aunque la obra fuera juzgada como demasiado racial, reflejo de costumbres primitivas y distantes. Por motivos opuestos, Benavente tampoco gustó. Se le reprochaban los diálogos interminables y la escasez de acción. El corresponsal del madrileño *Ahora* titulaba de este modo su crónica: «Benavente y García Lorca, demasiado para el público neoyorquino» [78].

A raíz de esta experiencia el poeta granadino se planteó el problema de la traducción. Sin duda entraba en ello un componente autodefensivo. En una entrevista de mayo de 1935 dialoga sobre la importancia del inmenso público de habla española, «un gran público ahora mismo que no puede soñar nadie, como no sea

---

[78] Especificaba el titular: «*Campo de armiño* y *Bodas de sangre,* en inglés, no agradan», 26.II.1935.

un inglés». No le importa, añade, estrenar una obra en Buenos Aires o en México antes que en Madrid. La estancia en los países del Plata le había abierto los ojos a esta realidad:

Se siente allí absolutamente el teatro español, porque está escrito en lengua española y le es familiar, porque tiene sentimiento español en el idioma. El espíritu del idioma es lo que brilla. La traducción, por bella que sea, destroza el espíritu del idioma, hágala quien la haga. Es inútil... [...] A don Carlos Arniches no es posible traducirle con toda su gracia, aunque sea universal su tema.

Descontada la verdad del planteamiento y la ejemplificación por nombre ajeno, es claro que la experiencia del estreno neoyorquino está presente en esta reflexión. Lo prueban indirectamente la proximidad de fechas y la misma alusión al público de habla inglesa. No obstante, García Lorca confiaba en poder saltar las barreras idiomáticas y triunfar sobre escenarios de otros países. Algunos de los contactos que estableció personalmente en Nueva York (1929-30) se encaminaban en esa dirección. En la entrevista citada habla de «minorías selectas interesadas en la poesía española, especialmente en Europa». A su modo de ver, la poesía sería el portillo para la entrada del teatro. Ya en agosto de 1933, de gira con La Barraca, declaraba sobre *Bodas de sangre*: «La temporada próxima será puesta en varios teatros del extranjero: Nueva York, Londres, París, Berlín y Varsovia.»

El proyectado estreno londinense es posible que dependiera de la respuesta del público de Nueva York. Carecemos de noticias sobre la traducción al polaco y al alemán. Los encargados, en cambio, de la versión francesa fueron Marcelle Auclair y Jean Prévost. Tras una lectura de la tragedia en casa de Jorge Guillén (otoño de 1932), García Lorca entrega a M. Auclair la copia mecanográfica que acababa de utilizar y le pide que sea ella la traductora. La copia está en tres cuadernos y la cubierta del primero presenta el dibujo de un motivo floral. *Bodas de sangre* se estrenó en París en 1938 [79]. Pero ya antes, según Louis Parrot desde 1932, «le nom du poète andalou commençait à être connu en France dans les milieux hispanissants et chez les poètes» [80].

Colofón en Barcelona

Tras el estreno de Nueva York queda por citar la última reposición de la tragedia en vida del poeta. Según reseña Marie Laffranque, tuvo lugar en el teatro Principal de Barcelona, el 22 de noviembre de 1935. En esta ocasión la obra fue representada por la compañía de Margarita Xirgu, quien actuó en el papel de la Madre. Decorados y figurines eran del joven pintor, entonces de diecinueve años, José Caballero. Estuvo presente el autor y la tragedia alcanzó treinta y siete representaciones. La misma compañía estrenó *Doña Rosita la soltera o el lenguaje de las flores* el 12 de diciembre, en el mismo teatro, por lo que los ensayos de la nueva comedia debieron simultanearse con las sesiones de *Bodas de sangre*. Por otro lado, *Yerma* había sido estrenada en setiembre en Barcelona, de modo que el público de la ciudad tuvo ante sí, en muy pocos meses, una muestra perfecta de la última producción del poeta.

En el caso de *Bodas* Margarita Xirgu retomaba finalmente la obra que García Lorca le había negado dos

---

[79] Auclair, obr. cit., pp. 308, 313, 317.

[80] Armand Guibert et Louis Parrot, *F. G. L.*, París, Seghers, 1973, pp. 72-73.

años antes para su estreno. Esta circunstancia, unida al relativo fracaso de Nueva York, pudo influir en la revisión de la obra. En unas llamativas declaraciones, que publicaba *L'Instant* el día antes de la reposición, señalaba el poeta: «Es tracta d'una veritable estrena. Ara vereu l'obra per primera vegada.» Para mayor confusión, añadía: «Ara es representarà integra.» No se aclara en la entrevista si la tragedia había sido *podada* de algún fragmento en las representaciones realizadas por Josefina Díaz (ya conocidas en Barcelona) o por Lola Membrives. Lo cierto es que García Lorca repetía la misma afirmación que sobre *La zapatera prodigiosa* había lanzado en Buenos Aires. Los cambios que entonces introdujo en la farsa justificaban el que hablara de un «verdadero estreno». En el caso presente, sin embargo, la noticia pecaba seguramente de hiperbólica. Hemos de mirar más a *Yerma* que a *La zapatera* como ejemplo paralelo de un supuesto restablecimiento del texto o concepción original de *Bodas*. Al igual que había hecho con *Yerma* para su estreno barcelonés, al reponer la primera tragedia debió revisar y redondear el texto a partir de la experiencia que le habían proporcionado las múltiples representaciones anteriores. La devuelta integridad estaría referida, pues, a detalles menores, según se puede colegir.

Como prueba que confirma esta suposición tenemos las leves divergencias existentes entre la edición póstuma de la tragedia (Buenos Aires, 1938) y la realizada en vida del poeta (Madrid, 1936). Según documento en las notas que cierran este volumen, la primera edición debió realizarse sobre un original entregado a la imprenta antes de la marcha de García Lorca a Barcelona, en tanto que la edición porteña se hacía sobre el conservado por Margarita Xirgu de sus representaciones en la ciudad condal. El tipo y número de variantes, sin embargo, no justifica declaraciones como las transcritas.

El texto fue realmente revisado, pero en puntos que no suponían de ningún modo su modificación en profundidad. Rivas Cherif esclarece lo sucedido al referirse al «estreno», que el poeta le había confiado, «de la revisión escénica, no del texto, pero sí de su representación, de *Bodas de sangre,* que anteriormente habían hecho, no muy a su gusto, las compañías de Pepita Díaz-Manuel Collado y de Lola Membrives» [81]. Rivas Cherif, que actuaba como director artístico de la compañía de Margarita Xirgu, parece confundirse en lo referente al texto, precisamente por tratarse de un aspecto menor en el que acaso ni había reparado. Su recuerdo ilumina, no obstante, las palabras del autor a la prensa de Barcelona, aunque desconozcamos en qué consistió aquella «revisión escénica». A pesar de ello, podemos observar cómo García Lorca, que gustaba de sentarse a veces en la penumbra del patio de butacas, dispuesto a calibrar las reacciones del público ante sus obras, mostraba su rigor e inclinación espontánea a no dar por inamovible —es decir, por muerta para él— una creación salida de su mano. Puesto que hablamos de teatro y de un auténtico poeta dramático, su persistente atención estaba dirigida tanto a la palabra escrita como a su encarnación sobre un escenario. Larga fue la lucha y la preocupación del poeta por la renovación del teatro español de su tiempo, en demanda permanente de un público y unas compañías con actitud y criterios nuevos. El ejemplo lo daba con la exigencia cuidadosa que ponía en sus propias obras.

MARIO HERNÁNDEZ

---

[81] Art. cit. en nota 9.

BODAS DE SANGRE

TRAGEDIA EN TRES ACTOS Y SIETE CUADROS

PERSONAJES

La Madre.
La Novia.
La Suegra.
La Mujer de Leonardo.
La Criada.
La Vecina.
Muchachas.
Leonardo.
El Novio.
El Padre de la Novia.
La Luna.
La Muerte (como mendiga).
Leñadores.
Mozos.

ACTO PRIMERO

CUADRO PRIMERO

Habitación pintada de amarillo.

Novio *(Entrando.)*
  Madre.

Madre
  ¿Qué?

Novio
  Me voy.

Madre
  ¿Adónde?

Novio
  A la viña. *(Va a salir.)*

MADRE
    Espera.

NOVIO
    ¿Quieres algo?

MADRE
    Hijo, el almuerzo.

NOVIO
    Déjalo. Comeré uvas. Dame la navaja.

MADRE
    ¿Para qué?

NOVIO *(Riendo.)*
    Para cortarlas.

MADRE *(Entre dientes y buscándola.)*
    La navaja, la navaja... Malditas sean todas y el bribón que las inventó.

NOVIO
    Vamos a otro asunto.

MADRE
    Y las escopetas y las pistolas y el cuchillo más pequeño, y hasta las azadas y los bieldos de la era.

NOVIO
    Bueno.

MADRE
    Todo lo que puede cortar el cuerpo de un hombre. Un hombre hermoso, con su flor en la boca, que sale a las viñas o va a sus olivos propios, porque son de él, heredados...

NOVIO *(Bajando la cabeza.)*
Calle usted.

MADRE
...y ese hombre no vuelve. O si vuelve es para po-
nerle una palma encima o un plato de sal gorda para
que no se hinche. No sé cómo te atreves a llevar una
navaja en tu cuerpo, ni cómo yo dejo a la serpiente
dentro del arcón.

NOVIO
¿Está bueno ya?

MADRE
Cien años que yo viviera, no hablaría de otra cosa.
Primero tu padre, que me olía a clavel y lo disfruté
tres años escasos. Luego tu hermano. ¿Y es justo y
puede ser que una cosa pequeña como una pistola
o una navaja pueda acabar con un hombre, que es
un toro? No callaría nunca. Pasan los meses y la
desesperación me pica en los ojos y hasta en las puntas del pelo.

NOVIO *(Fuerte.)*
¿Vamos a acabar?

MADRE
No. No vamos a acabar. ¿Me puede alguien traer a
tu padre? ¿Y a tu hermano? Y luego el presidio.
¿Qué es el presidio? ¡Allí comen, allí fuman, allí
tocan los instrumentos! Mis muertos llenos de hierba, sin hablar, hechos polvo; dos hombres que eran
dos geranios... Los matadores, en presidio, frescos,
viendo los montes...

NOVIO
¿Es que quiere usted que los mate?

MADRE

No... Si hablo es porque... ¿Cómo no voy a hablar
viéndote salir por esa puerta? Es que no me gusta
que lleves navaja. Es que... que no quisiera que sa-
lieras al campo.

NOVIO *(Riendo.)*

¡Vamos!

MADRE

Que me gustaría que fueras una mujer. No te irías al
arroyo ahora y bordaríamos las dos cenefas y perri-
tos de lana.

NOVIO *(Coge de un brazo a la* MADRE *y ríe.)*

Madre, ¿y si yo la llevara conmigo a las viñas?

MADRE

¿Qué hace en las viñas una vieja? ¿Me ibas a meter
debajo de los pámpanos?

NOVIO *(Levantándola en sus brazos.)*

Vieja, revieja, requetevieja.

MADRE

Tu padre sí que me llevaba. Eso es buena casta.
Sangre. Tu abuelo dejó un hijo en cada esquina.
Eso me gusta. Los hombres, hombres; el trigo, trigo.

FAMILIA

NOVIO

¿Y yo, madre?

MADRE

¿Tú, qué?

NOVIO

¿Necesito decírselo otra vez?

70

MADRE *(Seria.)*
¡Ah!

NOVIO
¿Es que le parece mal?

MADRE
No.

NOVIO
¿Entonces?...

MADRE
No lo sé yo misma. Así, de pronto, siempre me sorprende. Yo sé que la muchacha es buena. ¿Verdad que sí? Modosa. Trabajadora. Amasa su pan y cose sus faldas, y siento sin embargo, cuando la nombro, como si me dieran una pedrada en la frente.

NOVIO
Tonterías.

MADRE
Más que tonterías. Es que me quedo sola. Ya no me quedas más que tú y siento que te vayas.

NOVIO
Pero usted vendrá con nosotros.

MADRE
No. Yo no puedo dejar aquí solos a tu padre y a tu hermano. Tengo que ir todas las mañanas, y si me voy es fácil que muera uno de los Félix, uno de la familia de los matadores, y lo entierren al lado. ¡Y eso sí que no! ¡Ca! ¡Eso sí que no! Porque con las uñas los desentierro y yo sola los machaco contra la tapia.

71

usa.) ¿Cuánto tiempo llevas en rela-

Tres años. Ya pude comprar la viña.

MADRE
Tres años. ¿Ella tuvo un novio, no?

NOVIO
No sé. Creo que no. Las muchachas tienen que mirar con quién se casan.

MADRE
Sí. Yo no miré a nadie. Miré a tu padre, y cuando lo mataron miré a la pared de enfrente. Una mujer con un hombre, y ya está.

NOVIO
Usted sabe que mi novia es buena.

MADRE
No lo dudo. De todos modos siento no saber cómo fue su madre.

NOVIO
¿Qué más da?

MADRE *(Mirándolo.)*
Hijo.

NOVIO
¿Qué quiere decir?

MADRE

¡Que es verdad! ¡Que tienes razón! ¿Cuándo quieres que la pida?

NOVIO *(Alegre.)*

¿Le parece bien el domingo?

MADRE *(Seria.)*

Le llevaré los pendientes de azófar, que son antiguos, y tú le compras...

NOVIO

Usted entiende más...

MADRE

Le compras unas medias caladas, y para ti dos trajes... ¡Tres! ¡No te tengo más que a ti!

NOVIO

Me voy. Mañana iré a verla.

MADRE

Sí, sí, y a ver si me alegras con seis nietos, o los que te dé la gana, ya que tu padre no tuvo lugar de hacérmelos a mí.

NOVIO

El primero para usted.

MADRE

Sí, pero que haya niñas. Que yo quiero bordar y hacer encaje y estar tranquila.

NOVIO

Estoy seguro que usted querrá a mi novia.

MADRE

La querré. *(Se dirige a besarlo y reacciona.)* Anda, ya estás muy grande para besos. Se los das a tu mujer. *(Pausa. Aparte.)* Cuando lo sea.

NOVIO

Me voy.

MADRE

Que caves bien la parte del molinillo, que la tienes descuidada.

NOVIO

¡Lo dicho!

MADRE

Anda con Dios. *(Vase el* NOVIO. *La* MADRE *queda sentada de espaldas a la puerta. Aparece en la puerta una* VECINA *vestida de color oscuro, con pañuelo a la cabeza.)* Pasa.

VECINA

¿Cómo estás?

MADRE

Ya ves.

VECINA

Yo bajé a la tienda y vine a verte. ¡Vivimos tan lejos!

MADRE

Hace veinte años que no he subido a lo alto de la calle.

VECINA

Tú estás bien.

MADRE
¿Lo crees?

VECINA
Las cosas pasan. Hace dos días trajeron al hijo de
mi vecina con los brazos cortados por la máquina.
(Se sienta.)

MADRE
¿A Rafael?

VECINA
Sí. Y allí lo tienes. Muchas veces pienso que tu hijo
y el mío están mejor donde están, dormidos, descan-
sando, que no expuestos a quedarse inútiles.

MADRE
Calla. Todo eso son invenciones, pero no consuelos.

VECINA
¡Ay!

MADRE
¡Ay! *(Pausa.)*

VECINA *(Triste.)*
¿Y tu hijo?

MADRE
Salió.

VECINA
¡Al fin compró la viña!

MADRE
Tuvo suerte.

VECINA

Ahora se casará.

MADRE

(Como despertando y acercando su silla a la silla de la VECINA.*)* Oye.

VECINA *(En plan confidencial.)*

Dime.

MADRE

¿Tú conoces a la novia de mi hijo?

VECINA

¡Buena muchacha!

MADRE

Sí, pero...

VECINA

Pero quien la conozca a fondo no hay nadie. Vive sola con su padre allí, tan lejos, a diez leguas de la casa más cerca. Pero es buena. Acostumbrada a la soledad.

MADRE

¿Y su madre?

VECINA

A su madre la conocí. Hermosa. Le relucía la cara como a un santo; pero a mí no me gustó nunca. No quería a su marido.

MADRE *(Fuerte.)*

Pero ¡cuántas cosas sabéis las gentes!

VECINA

Perdona. No quise ofender; pero es verdad. Ahora, si fue decente o no, nadie lo dijo. De esto no se ha hablado. Ella era orgullosa.

MADRE

¡Siempre igual!

VECINA

Tú me preguntaste.

MADRE

Es que quisiera que ni a la viva ni a la muerta las conociera nadie. Que fueran como dos cardos, que ninguna persona les nombra y pinchan si llega el momento.

VECINA

Tienes razón. Tu hijo vale mucho.

MADRE

Vale. Por eso lo cuido. A mí me habían dicho que la muchacha tuvo novio hace tiempo.

VECINA

Tendría ella quince años. El se casó ya hace dos años con una prima de ella, por cierto. Nadie se acuerda del noviazgo.

MADRE

¿Cómo te acuerdas tú?

VECINA

¡Me haces unas preguntas!

MADRE

A cada uno le gusta enterarse de lo que le duele. ¿Quién fue el novio?

VECINA

Leonardo.

MADRE

¿Qué Leonardo?

VECINA

Leonardo el de los Félix.

MADRE *(Levantándose.)*

¡De los Félix!

VECINA

Mujer, ¿qué culpa tiene Leonardo de nada? El tenía ocho años cuando las cuestiones.

MADRE

Es verdad... Pero oigo eso de Félix y es lo mismo *(Entre dientes.)* Félix que llenárseme de cieno la boca *(Escupe.)* y tengo que escupir, tengo que escupir por no matar.

VECINA

Repórtate; ¿qué sacas con eso?

MADRE

Nada. Pero tú lo comprendes.

VECINA

No te opongas a la felicidad de tu hijo. No le digas nada. Tú estás vieja. Yo también. A ti y a mí nos toca callar.

MADRE

No le diré nada.

VECINA *(Besándola.)*
   Nada.

MADRE *(Serena.)*
   ¡Las cosas!...

VECINA
   Me voy, que pronto llegará mi gente del campo.

MADRE
   ¿Has visto qué día de calor?

VECINA
   Iban negros los chiquillos que llevan el agua a los segadores. Adiós, mujer.

MADRE
   Adiós.

(La MADRE *se dirige a la puerta de la izquierda. En medio del camino se detiene y lentamente se santigua.)*

TELON

CUADRO SEGUNDO

Habitación pintada de rosa, con cobres y ramos de flores populares. En el centro, una mesa con mantel. Es la mañana.

*(*SUEGRA *de* LEONARDO *con un niño en brazos. Lo mece. La* MUJER, *en la otra esquina, hace punto de media.)*

79

SUEGRA

>Nana, niño, nana
del caballo grande
que no quiso el agua.
El agua era negra
dentro de las ramas.
Cuando llega al puente
se detiene y canta.
¿Quién dirá, mi niño,
lo que tiene el agua,
con su larga cola
por su verde sala?

MUJER *(Bajo.)*

>Duérmete, clavel,
que el caballo no quiere beber.

SUEGRA

>Duérmete, rosal,
que el caballo se pone a llorar.
Las patas heridas,
las crines heladas,
dentro de los ojos
un puñal de plata.
Bajaban al río.
¡Ay, cómo bajaban!
La sangre corría
más fuerte que el agua.

MUJER

>Duérmete, clavel,
que el caballo no quiere beber.

SUEGRA

>Duérmete, rosal,
que el caballo se pone a llorar.

80

MUJER

No quiso tocar
la orilla mojada,
su belfo caliente
con moscas de plata.
A los montes duros
sólo relinchaba
con el río muerto
sobre la garganta.
¡Ay, caballo grande
que no quiso el agua!
¡Ay, dolor de nieve,
caballo del alba!

SUEGRA

¡No vengas! Detente,
cierra la ventana
con rama de sueños
y sueño de ramas.

MUJER

Mi niño se duerme.

SUEGRA

Mi niño se calla.

MUJER

Caballo, mi niño
tiene una almohada.

SUEGRA

Su cuna de acero.

MUJER

Su colcha de holanda.

SUEGRA

    Nana, niño, nana.

MUJER

    ¡Ay, caballo grande
    que no quiso el agua!

SUEGRA

    ¡No vengas, no entres!
    Vete a la montaña.
    Por los valles grises
    donde está la jaca.

MUJER *(Mirando.)*

    Mi niño se duerme.

SUEGRA

    Mi niño descansa.

MUJER *(Bajito.)*

    Duérmete, clavel,
    que el caballo no quiere beber.

SUEGRA *(Levantándose y muy bajito.)*

    Duérmete, rosal,
    que el caballo se pone a llorar.

    (Entran al niño. Entra LEONARDO*.)*

LEONARDO

    ¿Y el niño?

MUJER

    Se durmió.

LEONARDO

    Ayer no estuvo bien. Lloró por la noche.

MUJER *(Alegre.)*

Hoy está como una dalia. ¿Y tú? ¿Fuiste a casa del herrador?

LEONARDO

De allí vengo. ¿Querrás creer? Llevo más de dos meses poniendo herraduras nuevas al caballo y siempre se le caen. Por lo visto se las arranca con las piedras.

MUJER

¿Y no será que lo usas mucho?

LEONARDO

No. Casi no lo utilizo.

MUJER

Ayer me dijeron las vecinas que te habían visto al límite de los llanos.

LEONARDO

¿Quién lo dijo?

MUJER

Las mujeres que cogen las alcaparras. Por cierto que me sorprendió. ¿Eras tú?

LEONARDO

No. ¿Qué iba a hacer yo allí, en aquel secano?

MUJER

Eso dije. Pero el caballo estaba reventado de sudar.

LEONARDO

¿Lo viste tú?

MUJER

No. Mi madre.

LEONARDO
¿Está con el niño?

MUJER
Sí. ¿Quieres un refresco de limón?

LEONARDO
Con el agua bien fría.

MUJER
¡Cómo no viniste a comer!...

LEONARDO
Estuve con los medidores del trigo. Siempre entre-
tienen.

MUJER *(Haciendo el refresco y muy tierna.)*
¿Y lo pagan a buen precio?

LEONARDO
El justo.

MUJER
Me hace falta un vestido y al niño una gorra con
lazos.

LEONARDO *(Levantándose.)*
Voy a verlo.

MUJER
Ten cuidado, que está dormido.

SUEGRA *(Saliendo.)*
Pero ¿quién da esas carreras al caballo? Está abajo
tendido, con los ojos desorbitados como si llegara
del fin del mundo.

LEONARDO *(Agrio.)*
Yo.

SUEGRA
Perdona; tuyo es.

MUJER *(Tímida.)*
Estuvo con los medidores del trigo.

SUEGRA
Por mí, que reviente. *(Se sienta. Pausa.)*

MUJER
El refresco. ¿Está frío?

LEONARDO
Sí.

MUJER
¿Sabes que piden a mi prima?

LEONARDO
¿Cuándo?

MUJER
Mañana. La boda será dentro de un mes. Espero que vendrán a invitarnos.

LEONARDO *(Serio.)*
No sé.

SUEGRA
La madre de él creo que no estaba muy satisfecha con el casamiento.

LEONARDO
Y quizá tenga razón. Ella es de cuidado.

MUJER

No me gusta que penséis mal de una buena muchacha.

SUEGRA

Pero cuando dice eso es porque la conoce. ¿No ves que fue tres años novia suya? *(Con intención.)*

LEONARDO

Pero la dejé. *(A su mujer.)* ¿Vas a llorar ahora? ¡Quita! *(Le aparta bruscamente las manos de la cara.)* Vamos a ver al niño.

(Entran abrazados. Aparece la MUCHACHA, *alegre. Entra corriendo.)*

MUCHACHA
Señora.

SUEGRA
¿Qué pasa?

MUCHACHA

Llegó el novio a la tienda y ha comprado todo lo mejor que había.

SUEGRA
¿Vino solo?

MUCHACHA

No, con su madre. Seria, alta. *(La imita.)* Pero ¡qué lujo!

SUEGRA
Ellos tienen dinero.

MUCHACHA

¡Y compraron unas medias caladas! ¡Ay, qué medias! ¡El sueño de las mujeres en medias! Mire usted: una golondrina aquí *(señala al tobillo)*, un barco aquí *(señala la pantorrilla)*, y aquí una rosa *(señala al muslo)*.

SUEGRA
¡Niña!

MUCHACHA
¡Una rosa con las semillas y el tallo! ¡Ay! ¡Todo en seda!

SUEGRA
Se van a juntar dos buenos capitales.

(Aparecen LEONARDO *y su* MUJER.*)*

MUCHACHA
Vengo a deciros lo que están comprando.

LEONARDO *(Fuerte.)*
No nos importa.

MUJER
Déjala.

SUEGRA
Leonardo, no es para tanto.

MUCHACHA
Usted dispense. *(Se va llorando.)*

SUEGRA
¿Qué necesidad tienes de ponerte a mal con las gentes?

LEONARDO
No le he preguntado su opinión. *(Se sienta.)*

SUEGRA
Está bien. *(Pausa.)*

MUJER *(A LEONARDO.)*
¿Qué te pasa? ¿Qué idea te bulle por dentro de la cabeza? No me dejes así, sin saber nada...

LEONARDO
Quita.

MUJER
No. Quiero que me mires y me lo digas.

LEONARDO
Déjame. *(Se levanta.)*

MUJER
¿Adónde vas, hijo?

LEONARDO *(Agrio.)*
¿Te puedes callar?

SUEGRA *(Enérgica a su hija.)*
¡Cállate! *(Sale LEONARDO.)* ¡El niño!

(Entra y vuelve a salir con él en brazos. La MUJER ha permanecido de pie, inmóvil.)

> Las patas heridas,
> las crines heladas,
> dentro de los ojos
> un puñal de plata.
> Bajaban al río.
> ¡Ay, cómo bajaban!
> La sangre corría
> más fuerte que el agua.

MUJER *(Volviéndose lentamente y como soñando.)*
>   Duérmete, clavel,
>   que el caballo se pone a beber.

SUEGRA
>   Duérmete, rosal,
>   que el caballo se pone a llorar.

MUJER
>   Nana, niño, nana.

SUEGRA
>   ¡Ay, caballo grande,
>   que no quiso el agua!

MUJER *(Dramática.)*
>   ¡No vengas, no entres!
>   ¡Vete a la montaña!
>   ¡Ay, dolor de nieve,
>   caballo del alba!

SUEGRA *(Llorando.)*
>   Mi niño se duerme...

MUJER *(Llorando y acercándose lentamente.)*
>   Mi niño descansa...

SUEGRA
>   Duérmete, clavel,
>   que el caballo no quiere beber.

MUJER *(Llorando y apoyándose sobre la mesa.)*
>   Duérmete, rosal,
>   que el caballo se pone a llorar.

TELON

Interior de la cueva donde vive la novia. Al fondo, una cruz de grandes flores rosa. Las puertas redondas con cortinas de encaje y lazos rosa. Por las paredes, de material blanco y duro, abanicos redondos, jarros azules y pequeños espejos.

CRIADA

Pasen… *(Muy afable, llena de hipocresía humilde. Entran el* NOVIO *y su* MADRE. *La* MADRE *viste de raso negro y lleva mantilla de encaje. El* NOVIO, *de pana negra con gran cadena de oro.)* ¿Se quieren sentar? Ahora vienen. *(Sale.)*

(Quedan madre e hijo sentados, inmóviles como estatuas. Pausa larga.)

MADRE

¿Traes el reloj?

NOVIO

Sí. *(Lo saca y lo mira.)*

MADRE

Tenemos que volver a tiempo. ¡Qué lejos vive esta gente!

NOVIO

Pero estas tierras son buenas.

MADRE

Buenas; pero demasiado solas. Cuatro horas de camino y ni una casa ni un árbol.

NOVIO
Estos son los secanos.

MADRE
Tu padre los hubiera cubierto de árboles.

NOVIO
¿Sin agua?

MADRE
Ya la hubiera buscado. Los tres años que estuvo
casado conmigo, plantó diez cerezos. *(Haciendo me-
moria.)* Los tres nogales del molino, toda una viña
y una planta que se llama Júpiter, que da flores en-
carnadas, y se secó. *(Pausa.)*

NOVIO *(Por la novia.)*
Debe estar vistiéndose.

*(Entra el PADRE de la novia. Es anciano, con el ca-
bello blanco reluciente. Lleva la cabeza inclinada.
La MADRE y el NOVIO se levantan y se dan las manos en silencio.)*

PADRE
¿Mucho tiempo de viaje?

MADRE
Cuatro horas.
(Se sientan.)

PADRE
Habéis venido por el camino más largo.

MADRE
Yo estoy ya vieja para andar por las terreras del río.

91

NOVIO

Se marea.

(Pausa.)

PADRE

Buena cosecha de esparto.

NOVIO

Buena de verdad.

PADRE

En mi tiempo, ni esparto daba esta tierra. Ha sido necesario castigarla y hasta llorarla, para que nos dé algo provechoso.

MADRE

Pero ahora da. No te quejes. Yo no vengo a pedirte nada.

PADRE *(Sonriendo.)*

Tú eres más rica que yo. Las viñas valen un capital. Cada pámpano una moneda de plata. Lo que siento es que las tierras... ¿entiendes?... estén separadas. A mí me gusta todo junto. Una espina tengo en el corazón, y es la huertecilla esa metida entre mis tierras, que no me quieren vender por todo el oro del mundo.

NOVIO

Eso pasa siempre.

PADRE

Si pudiéramos con veinte pares de bueyes traer tus viñas aquí y ponerlas en la ladera, ¡qué alegría!...

MADRE

¿Para qué?

PADRE

Lo mío es de ella y lo tuyo de él. Por eso. Para verlo todo junto, ¡que junto es una hermosura!

NOVIO

Y sería menos trabajo.

MADRE

Cuando yo me muera, vendéis aquello y compráis aquí al lado.

PADRE

Vender, ¡vender! ¡Bah!; comprar, hija, comprarlo todo. Si yo hubiera tenido hijos hubiera comprado todo este monte hasta la parte del arroyo. Porque no es buena tierra; pero con brazos se la hace buena, y como no pasa gente no te roban los frutos y puedes dormir tranquilo.

(Pausa.)

MADRE

Tú sabes a lo que vengo.

PADRE

Sí.

MADRE

¿Y qué?

PADRE

Me parece bien. Ellos lo han hablado.

MADRE

Mi hijo tiene y puede.

93

PADRE

Mi hija también.

MADRE

Mi hijo es hermoso. No ha conocido mujer. La honra más limpia que una sábana puesta al sol.

PADRE

Qué te digo de la mía. Hace las migas a las tres, cuando el lucero. No habla nunca; suave como la lana, borda toda clase de bordados y puede cortar una maroma con los dientes.

MADRE

Dios bendiga su casa.

PADRE

Que Dios la bendiga.

(Aparece la criada con dos bandejas. Una con copas y la otra con dulces.)

MADRE *(Al hijo.)*
¿Cuándo queréis la boda?

NOVIO

El jueves próximo.

PADRE

Día en que ella cumple veintidós años justos.

MADRE

¡Veintidós años! Esa edad tendría mi hijo mayor si viviera. Que viviría caliente y macho como era, si los hombres no hubieran inventado las navajas.

94

PADRE

En eso no hay que pensar.

MADRE

Cada minuto, métete la mano en el pecho.

PADRE

Entonces el jueves. ¿No es así?

NOVIO

Así es.

PADRE

Los novios y nosotros iremos en coche hasta la iglesia que está muy lejos, y el acompañamiento en los carros y en las caballerías que traigan.

MADRE

Conformes.

(Pasa la CRIADA.*)*

PADRE

Dile que ya puede entrar. *(A la* MADRE.*)* Celebraré mucho que te guste.

(Aparece la NOVIA. *Trae las manos caídas en actitud modesta y la cabeza baja.)*

MADRE

Acércate. ¿Estás contenta?

NOVIA

Sí, señora.

PADRE

No debes estar seria. Al fin y al cabo ella va a ser tu madre.

contenta. Cuando he dado el sí es porque quie-
lo.

Naturalmente. *(Le coge la barbilla.)* Mírame.

PADRE
Se parece en todo a mi mujer.

MADRE
¿Sí? ¡Qué hermoso mirar! ¿Tú sabes lo que es casarse, criatura?

NOVIA *(Seria.)*
Lo sé.

MADRE
Un hombre, unos hijos y una pared de dos varas de
ancha para todo lo demás.

NOVIO
¿Es que hace falta otra cosa?

MADRE
No. Que vivan todos, ¡eso! ¡Que vivan!

NOVIA
Yo sabré cumplir.

MADRE
Aquí tienes unos regalos.

NOVIA
Gracias.

96

PADRE
    ¿No tomamos algo?

MADRE
    Yo no quiero. *(Al* NOVIO.) ¿Y tú?

NOVIO
    Tomaré. *(Toma un dulce. La* NOVIA *toma otro.)*

PADRE *(Al* NOVIO.)
    ¿Vino?

MADRE
    No lo prueba.

PADRE
    ¡Mejor!

    (Pausa. Todos están en pie.)

NOVIO *(A la* NOVIA.)
    Mañana vendré.

NOVIA
    ¿A qué hora?

NOVIO
    A las cinco.

NOVIA
    Yo te espero.

NOVIO
    Cuando me voy de tu lado siento un despego grande
    y así como un nudo en la garganta.

NOVIA

Cuando seas mi marido ya no lo tendrás.

NOVIO

Eso digo yo.

MADRE

Vamos. El sol no espera. *(Al* PADRE.*)* ¿Conformes en todo?

PADRE

Conformes.

MADRE *(A la* CRIADA.*)*

Adiós, mujer.

CRIADA

Vayan ustedes con Dios.

(La MADRE *besa a la* NOVIA *y van saliendo en silencio.)*

MADRE *(En la puerta.)*

Adiós, hija. *(La* NOVIA *contesta con la mano.)*

PADRE

Yo salgo con vosotros. *(Salen.)*

CRIADA

Que reviento por ver los regalos.

NOVIA *(Agria.)*

Quita.

CRIADA

Ay, niña, enséñamelos.

NOVIA

No quiero.

CRIADA

Siquiera las medias. Dicen que son todas caladas.
¡Mujer!

NOVIA

¡Ea, que no!

CRIADA

Por Dios. Está bien. Parece como si no tuvieras ganas de casarte.

NOVIA *(Mordiéndose la mano con rabia.)*
¡Ay!

CRIADA

Niña, hija, ¿qué te pasa? ¿Sientes dejar tu vida de
reina? No pienses en cosas agrias. ¿Tienes motivo?
Ninguno. Vamos a ver los regalos.

(Coge la caja.)

NOVIA *(Cogiéndola de las muñecas.)*
Suelta.

CRIADA

¡Ay, mujer!

NOVIA

Suelta he dicho.

CRIADA

Tienes más fuerza que un hombre.

NOVIA

¿No he hecho yo trabajos de hombre? ¡Ojalá fuera!

CRIADA

¡No hables así!

NOVIA

Calla he dicho. Hablemos de otro asunto.

(La luz va desapareciendo de la escena. Pausa larga.)

CRIADA

¿Sentiste anoche un caballo?

NOVIA

¿A qué hora?

CRIADA

A las tres.

NOVIA

Sería un caballo suelto de la manada.

CRIADA

No. Llevaba jinete.

NOVIA

¿Por qué lo sabes?

CRIADA

Porque lo vi. Estuvo parado en tu ventana. Me chocó mucho.

NOVIA

¿No sería mi novio? Algunas veces ha pasado a esas horas.

CRIADA
   No.

NOVIA
   ¿Tú le viste?

CRIADA
   Sí.

NOVIA
   ¿Quién era?

CRIADA
   Era Leonardo.

NOVIA *(Fuerte.)*
   ¡Mentira! ¡Mentira! ¿A qué viene aquí?

CRIADA
   Vino.

NOVIA
   ¡Cállate! ¡Maldita sea tu lengua!

   (Se siente el ruido de un caballo.)

CRIADA *(En la ventana.)*
   Mira, asómate. ¿Era?

NOVIA
   ¡Era!

TELON RAPIDO

FIN DEL ACTO PRIMERO

ACTO SEGUNDO

CUADRO PRIMERO

Zaguán de casa de la novia. Portón al fondo. Es de noche. La novia sale con enaguas blancas encañonadas, llenas de encajes y puntas bordadas y un corpiño blanco, con los brazos al aire. La criada, lo mismo.

CRIADA
   Aquí te acabaré de peinar.

NOVIA
   No se puede estar ahí dentro del calor.

CRIADA
   En estas tierras no refresca ni al amanecer.

   (Se sienta la NOVIA en una silla baja y se mira en un espejito de mano. La CRIADA la peina.)

NOVIA

Mi madre era de un sitio donde había muchos árboles. De tierra rica.

CRIADA

¡Así era ella de alegre!

NOVIA

Pero se consumió aquí.

CRIADA

El sino.

NOVIA

Como nos consumimos todas. Echan fuego las paredes. ¡Ay!, no tires demasiado.

CRIADA

Es para arreglarte mejor esta onda. Quiero que te caiga sobre la frente. (*La* NOVIA *se mira en el espejo.*) Qué hermosa estás. ¡Ay! (*La besa apasionadamente.*)

NOVIA (*Seria.*)

Sigue peinándome.

CRIADA (*Peinándola.*)

¡Dichosa tú que vas a abrazar a un hombre, que lo vas a besar, que vas a sentir su peso!

NOVIA

Calla.

CRIADA

Y lo mejor es, cuando te despiertes y lo sientas al lado y que él te roza los hombros con su aliento, como con una plumilla de ruiseñor.

NOVIA *(Fuerte.)*
    ¿Te quieres callar?

CRIADA
    ¡Pero, niña! ¿Una boda, qué es? Una boda es esto
    y nada más. ¿Son los dulces? ¿Son los ramos de
    flores? No. Es una cama relumbrante y un hombre
    y una mujer.

NOVIA
    No se debe decir.

CRIADA
    Eso es otra cosa. ¡Pero es bien alegre!

NOVIA
    O bien amargo.

CRIADA
    El azahar te lo voy a poner desde aquí, hasta aquí,
    de modo que la corona luzca sobre el peinado.

    (Le prueba el ramo de azahar.)

NOVIA *(Se mira en el espejo.)*
    Trae.

    *(Coge el azahar y lo mira y deja caer la cabeza aba-
    tida.)*

CRIADA
    ¿Qué es esto?

NOVIA
    Déjame.

CRIADA

No son horas de ponerte triste. *(Animosa.)* Trae el azahar. *(NOVIA tira el azahar.)* ¡Niña! ¿Qué castigo pides tirando al suelo la corona? ¡Levanta esa frente! ¿Es que no te quieres casar? Dilo. Todavía te puedes arrepentir. *(Se levanta.)*

NOVIA

Son nublos. Un mal aire en el centro. ¿Quién no lo tiene?

CRIADA

Tú quieres a tu novio.

NOVIA

Lo quiero.

CRIADA

Sí, sí, estoy segura.

NOVIA

Pero este es un paso muy grande.

CRIADA

Hay que darlo.

NOVIA

Ya me he comprometido.

CRIADA

Te voy a poner la corona.

NOVIA *(Se sienta.)*

Date prisa, que ya deben ir llegando.

CRIADA

Ya llevarán todos lo menos dos horas de camino.

NOVIA

¿Cuánto hay de aquí a la iglesia?

CRIADA

Cinco leguas por el arroyo, que por el camino hay el doble.

(La NOVIA *se levanta y la* CRIADA *se entusiasma al verla.)*

Despierte la novia
la mañana de la boda.
¡Que los ríos del mundo
lleven tu corona!

NOVIA *(Sonriente.)*
Vamos.

CRIADA *(La besa entusiasmada y baila alrededor.)*

Que despierte
con el ramo verde
del laurel florido.
¡Que despierte
por el tronco y la rama
de los laureles!

(Se oyen unos aldabonazos.)

NOVIA

¡Abre! Deben ser los primeros convidados. *(Entra. La* CRIADA *abre sorprendida.)*

CRIADA
¿Tú?

LEONARDO
Yo. Buenos días.

CRIADA
¡El primero!

LEONARDO
¿No me han convidado?

CRIADA
Sí.

LEONARDO
Por eso vengo.

CRIADA
¿Y tu mujer?

LEONARDO
Yo vine a caballo. Ella se acercaba por el camino.

CRIADA
¿No te has encontrado a nadie?

LEONARDO
Los pasé con el caballo.

CRIADA
Vas a matar al animal con tanta carrera.

LEONARDO
¡Cuando se muera, muerto está!
(Pausa.)

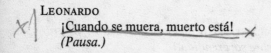

CRIADA
Siéntate. Todavía no se ha levantado nadie.

LEONARDO
¿Y la novia?

CRIADA
Ahora mismo la voy a vestir.

LEONARDO
¡La novia! ¡Estará contenta!

CRIADA *(Variando de conversación.)*
¿Y el niño?

LEONARDO
¿Cuál?

CRIADA
Tu hijo.

LEONARDO *(Recordando como soñoliento.)*
¡Ah!

CRIADA
¿Lo traen?

LEONARDO
No.

(Pausa. Voces cantando muy lejos.)

VOCES

> ¡Despierte la novia
> la mañana de la boda!

LEONARDO

> Despierte la novia
> la mañana de la boda.

CRIADA
Es la gente. Vienen lejos todavía.

LEONARDO *(Levantándose.)*

¿La novia llevará una corona grande, no? No debía ser tan grande. Un poco más pequeña le sentaría mejor. ¿Y trajo ya el novio el azahar que se tiene que poner en el pecho?

NOVIA *(Apareciendo todavía en enaguas y con la corona de azahar puesta.)*
Lo trajo.

CRIADA *(Fuerte.)*
No salgas así.

NOVIA

¿Qué más da? *(Seria.)* ¿Por qué preguntas si trajeron el azahar? ¿Llevas intención?

LEONARDO

Ninguna. ¿Qué intención iba a tener? *(Acercándose.)* Tú, que me conoces, sabes que no la llevo. Dímelo. ¿Quién he sido yo para ti? Abre y refresca tu recuerdo. Pero dos bueyes y una mala choza son casi nada. Esa es la espina.

NOVIA

¿A qué vienes?

LEONARDO

A ver tu casamiento.

NOVIA

¡También yo vi el tuyo!

LEONARDO

Amarrado por ti, hecho con tus dos manos. A mí me pueden matar, pero no me pueden escupir. Y la plata, que brilla tanto, escupe algunas veces.

110

NOVIA

¡Mentira!

LEONARDO

No quiero hablar, porque soy hombre de sangre y no quiero que todos estos cerros oigan mis voces.

NOVIA

Las mías serían más fuertes.

CRIADA

Estas palabras no pueden seguir. Tú no tienes que hablar de lo pasado. *(La* CRIADA *mira a las puertas presa de inquietud.)*

NOVIA

Tiene razón. Yo no debo hablarte siquiera. Pero se me calienta el alma de que vengas a verme y atisbar mi boda y preguntes con intención por el azahar. Vete y espera a tu mujer en la puerta.

LEONARDO

¿Es que tú y yo no podemos hablar?

CRIADA *(Con rabia.)*

No; no podéis hablar.

LEONARDO

Después de mi casamiento he pensado noche y día de quién era la culpa, y cada vez que pienso sale una culpa nueva que se come a la otra; ¡pero siempre hay culpa!

NOVIA

Un hombre con su caballo sabe mucho y puede mucho para poder estrujar a una muchacha metida en

111

un desierto. Pero yo tengo orgullo. Por eso me caso.
Y me encerraré con mi marido, a quien tengo que
querer por encima de todo.

LEONARDO

El orgullo no te servirá de nada. *(Se acerca.)*

NOVIA

¡No te acerques!

LEONARDO

Callar y quemarse es el castigo más grande que nos
podemos echar encima. ¿De qué me sirvió a mí el
orgullo y el no mirarte y el dejarte despierta noches
y noches? ¡De nada! ¡Sirvió para echarme fuego encima! Porque tú crees que el tiempo cura y que las
paredes tapan, y no es verdad, no es verdad. ¡Cuando las cosas llegan a los centros, no hay quien las
arranque!

NOVIA *(Temblando.)*

No puedo oírte. No puedo oír tu voz. Es como si
me bebiera una botella de anís y me durmiera en
una colcha de rosas. Y me arrastra, y sé que me
ahogo, pero voy detrás.

CRIADA *(Cogiendo a LEONARDO por las solapas.)*

¡Debes irte ahora mismo!

LEONARDO

Es la última vez que voy a hablar con ella. No temas
nada.

NOVIA

Y sé que estoy loca y sé que tengo el pecho podrido
de aguantar, y aquí estoy quieta por oírlo, por verlo
menear los brazos.

112

LEONARDO

No me quedo tranquilo si no te digo estas cosas.
Yo me casé. Cásate tú ahora.

CRIADA *(A* LEONARDO.*)*

¡Y se casa!

VOCES *(Cantando más cerca.)*

Despierte la novia
la mañana de la boda.

NOVIA

¡Despierte la novia!

(Sale corriendo a su cuarto.)

CRIADA

Ya está aquí la gente. *(A* LEONARDO.*)* No te vuelvas
a acercar a ella.

LEONARDO

Descuida.

(Sale por la izquierda. Empieza a clarear el día.)

MUCHACHA 1.ª *(Entrando.)*

Despierte la novia
la mañana de la boda;
ruede la ronda
y en cada balcón una corona.

VOCES

¡Despierte la novia!

CRIADA *(Moviendo algazara.)*

> Que despierte
> con el ramo verde
> del laurel florido.
> ¡Que despierte
> por el tronco y la rama
> de los laureles!

MUCHACHA 2.ª *(Entrando.)*

> Que despierte
> con el largo pelo,
> camisa de nieve,
> botas de charol y plata
> y jazmines en la frente.

CRIADA

> ¡Ay, pastora,
> que la luna asoma!

MUCHACHA 1.ª
> ¡Ay, galán,
> deja tu sombrero por el olivar!

MOZO 1.º *(Entrando con el sombrero en alto.)*

> Despierte la novia
> que por los campos viene
> rodando la boda,
> con bandeja de dalias
> y panes de gloria.

VOCES

> ¡Despierte la novia!

MUCHACHA 2.ª
La novia
se ha puesto su blanca corona,
y el novio
se la prende con lazos de oro.

CRIADA
Por el toronjil
la novia no puede dormir.

MUCHACHA 3.ª *(Entrando.)*
Por el naranjel
el novio le ofrece cuchara y mantel.

(Entran tres convidados.)

MOZO 1.º
¡Despierta, paloma!
El alba despeja
campanas de sombra.

CONVIDADO
La novia, la blanca novia,
hoy doncella,
mañana señora,

MUCHACHA 1.ª
Baja, morena,
arrastrando tu cola de seda.

CONVIDADO
Baja, morenita.
que llueve rocío la mañana fría.

MOZO 1.º
Despertad, señora, despertad,
porque viene el aire lloviendo azahar.

115

CRIADA

Un árbol quiero bordarle
lleno de cintas granates
y en cada cinta un amor
con vivas alrededor.

VOCES

Despierte la novia.

MOZO 1.º

¡La mañana de la boda!

CONVIDADO

La mañana de la boda
qué galana vas a estar;
pareces, flor de los montes,
la mujer de un capitán.

PADRE *(Entrando.)*

La mujer de un capitán
se lleva el novio.
¡Ya viene con sus bueyes por el tesoro!

MUCHACHA 3.ª

El novio
parece la flor del oro.
Cuando camina,
a sus plantas se agrupan las clavelinas.

CRIADA

¡Ay mi niña dichosa!

MOZO 2.º

Que despierte la novia.

CRIADA

¡Ay mi galana!

116

MUCHACHA 1.ª
La boda está llamando
por las ventanas.

MUCHACHA 2.ª
Que salga la novia.

MUCHACHA 1.ª
¡Que salga, que salga!

CRIADA
¡Que toque y repiquen
las campanas!

MOZO 1.º
¡Que viene aquí! ¡Que sale ya!

CRIADA
¡Como un toro, la boda
levantándose está!

(Aparece la NOVIA. *Lleva un traje negro mil nove-
cientos, con caderas y larga cola rodeada de gasas
plisadas y encajes duros. Sobre el peinado de visera
lleva la corona de azahar. Suenan las guitarras. Las*
MUCHACHAS *besan a la* NOVIA.)

MUCHACHA 3.ª
¿Qué esencia te echaste en el pelo?

NOVIA *(Riendo.)*
Ninguna.

MUCHACHA 2.ª *(Mirando el traje.)*
La tela es de lo que no hay.

Mozo 1.º
¡Aquí está el novio!

Novio
¡Salud!

Muchacha 1.ª *(Poniéndole una flor en la oreja.)*
El novio
parece la flor del oro.

Muchacha 2.ª
¡Aires de sosiego
le manan los ojos!

(El Novio se dirige al lado de la Novia.)

Novia
¿Por qué te pusiste esos zapatos?

Novio
Son más alegres que los negros.

Mujer *de* Leonardo *(Entrando y besando a la Novia.)*
¡Salud! *(Hablan todas con algazara.)*

Leonardo *(Entrando como quien cumple un deber.)*
La mañana de casada
la corona te ponemos.

Mujer
¡Para que el campo se alegre
con el agua de tu pelo!

Madre *(Al Padre.)*
¿También están ésos aquí?

118

PADRE

Son familia. ¡Hoy es día de perdones!

MADRE

Me aguanto, pero no perdono.

NOVIO

¡Con la corona da alegría mirarte!

NOVIA

¡Vámonos pronto a la iglesia!

NOVIO

¿Tienes prisa?

NOVIA

Sí. Estoy deseando ser tu mujer y quedarme sola contigo, y no oír más voz que la tuya.

NOVIO

¡Eso quiero yo!

NOVIA

Y no ver más que tus ojos. Y que me abrazaras tan fuerte, que aunque me llamara mi madre, que está muerta, no me pudiera despegar de ti.

NOVIO

Yo tengo fuerza en los brazos. Te voy a abrazar cuarenta años seguidos.

NOVIA *(Dramática, cogiéndole del brazo.)*

¡Vamos pronto! ¡A coger las caballerías y los carros! Que ya ha salido el sol.

MADRE

¡Que llevéis cuidado! No sea que tengamos mala hora.

(Se abre el gran portón del fondo. Empiezan a salir.)

119

CRIADA *(Llorando.)*
>   Al salir de tu casa,
>   blanca doncella,
>   acuérdate que sales
>   como una estrella…

MUCHACHA 1.ª
>   Limpia de cuerpo y ropa
>   al salir de tu casa para la boda.

(Van saliendo.)

MUCHACHA 2.ª
>   ¡Ya sales de tu casa
>   para la iglesia!

CRIADA
>   ¡El aire pone flores
>   por las arenas!

MUCHACHA 3.ª
>   ¡Ay la blanca niña!

CRIADA
>   Aire oscuro el encaje de su mantilla.

(Salen. Se oyen guitarras, palillos y panderetas. Quedan solos LEONARDO y su mujer.)

MUJER
Vamos.

LEONARDO
¿Adónde?

MUJER
A la iglesia. Pero no vas en el caballo. Vienes conmigo.

120

LEONARDO

¿En el carro?

MUJER

¿Hay otra cosa?

LEONARDO

Yo no soy hombre para ir en carro.

MUJER

Y yo no soy mujer para ir sin marido en un casamiento. ¡Que no puedo más!

LEONARDO

¡Ni yo tampoco!

MUJER

¿Por qué me miras así? Tienes una espina en cada
ojo.

LEONARDO

¡Vamos!

MUJER

No sé lo que pasa. Pero pienso y no quiero pensar.
Una cosa sé. Yo ya estoy despachada. Pero tengo
un hijo. Y otro que viene. Vamos andando. El mismo sino tuvo mi madre. Pero de aquí no me muevo.

(Voces fuera.)

VOCES

(¡Al salir de tu casa
para la iglesia,
acuérdate que sales
como una estrella!)

MUJER *(Llorando.)*
>   ¡Acuérdate que sales
>   como una estrella!

Así salí yo de mi casa también. Que me cabía todo
el campo en la boca.

LEONARDO *(Levantándose.)*
Vamos.

MUJER
¡Pero conmigo!

LEONARDO
Sí. *(Pausa.)* ¡Echa a andar! *(Salen.)*

VOCES
>   Al salir de tu casa
>   para la iglesia
>   acuérdate que sales
>   como una estrella.

TELON LENTO

CUADRO SEGUNDO

*Exterior de la cueva de la novia. Entonación en blancos
grises y azules fríos. Grandes chumberas. Tonos som-
bríos y plateados. Panoramas de mesetas color barqui-
llo, todo endurecido como paisaje de cerámica popular.*

CRIADA *(Arreglando en una mesa copas y bandejas.)*
>   Giraba,
>   giraba la rueda
>   y el agua pasaba.

Destino

122

Porque llega la boda
que se aparten las ramas
y la luna se adorne
por su blanca baranda.

(En voz alta.)
¡Pon los manteles!

(En voz patética.)
Cantaban,
cantaban los novios
y el agua pasaba.
Porque llega la boda
que relumbre la escarcha
y se llenen de miel
las almendras amargas.

(En voz alta.)
¡Prepara el vino!

(En voz poética.)
Galana.
Galana de la tierra,
mira cómo el agua pasa.
Porque llega tu boda
recógete las faldas
y bajo el ala del novio
nunca salgas de tu casa.
Porque el novio es un palomo → telúrico
con todo el pecho de brasa
y espera el campo el rumor   necesita
de la sangre derramada.   la tierra
Giraba,
giraba la rueda   mancha
y el agua pasaba.   del
¡Porque llega tu boda,   honor
deja que relumbre el agua!

123

MADRE *(Entrando.)*
¡Por fin!

PADRE
¿Somos los primeros?

CRIADA
No. Hace rato llegó Leonardo con su mujer. Corrieron como demonios. La mujer llegó muerta de miedo. Hicieron el camino como si hubieran venido a caballo.

PADRE
Ese busca la desgracia. No tiene buena sangre.

MADRE
¿Qué sangre va a tener? La de toda su familia. Mana de su bisabuelo, que empezó matando y sigue en toda la mala ralea, manejadores de cuchillos y gente de falsa sonrisa.

PADRE
¡Vamos a dejarlo!

CRIADA
¿Cómo lo va a dejar?

MADRE
Me duele hasta la punta de las venas. En la frente de todos ellos yo no veo más que la mano con que mataron a lo que era mío. ¿Tú me ves a mí? ¿No te parezco loca? Pues es loca de no haber gritado todo lo que mi pecho necesita. Tengo en mi pecho un grito siempre puesto de pie a quien tengo que castigar y meter entre los mantos. Pero se llevan a los muertos y hay que callar. Luego la gente critica. *(Se quita el manto.)*

124

PADRE

Hoy no es día de que te acuerdes de es

MADRE

Cuando sale la conversación, tengo
hoy más. Porque hoy me quedo sola

PADRE

En espera de estar acompañada.

MADRE

Esa es mi ilusión: los nietos.

(Se sientan.)

irónico

PADRE

Yo quiero que tengan muchos. Esta tierra necesita
brazos que no sean pagados. Hay que sostener una
batalla con las malas hierbas, con los cardos, con los
pedruscos que salen no se sabe dónde. Y estos brazos
tienen que ser de los dueños, que castiguen y que
dominen, que hagan brotar las simientes. Se necesi-
tan muchos hijos.

la ley social

MADRE

¡Y alguna hija! ¡Los varones son del viento! Tienen
por fuerza que manejar armas. Las niñas no salen
jamás a la calle.

PADRE *(Alegre.)*

Yo creo que tendrán de todo.

MADRE

Mi hijo la cubrirá bien. Es de buena simiente. Su
padre pudo haber tenido conmigo muchos hijos.

125

Lo que yo quisiera es que esto fuera cosa de un día. Que en seguida tuvieran dos o tres hombres.

MADRE

Pero no es así. Se tarda mucho. Por eso es tan terrible ver la sangre de una derramada por el suelo. Una fuente que corre un minuto y a nosotros nos ha costado años. Cuando yo llegué a ver a mi hijo, estaba tumbado en mitad de la calle. Me mojé las manos y me las lamí con la lengua. Porque era mía. Tú no sabes lo que es eso. En una custodia de cristal y topacios pondría la tierra empapada por ella.

PADRE

Ahora tienes que esperar. Mi hija es ancha y tu hijo es fuerte.

MADRE

Así espero. *(Se levantan.)*

PADRE

Prepara las bandejas de trigo.

CRIADA

Están preparadas.

MUJER *(De* LEONARDO, *entrando.)*
¡Que sea para bien!

MADRE

Gracias.

LEONARDO

¿Va a haber fiesta?

PADRE

Poca. La gente no puede entretenerse.

126

CRIADA
    ¡Ya están aquí!

    (Van entrando invitados en alegres grupos. Entran los novios cogidos del brazo. Sale LEONARDO.*)*

NOVIO
    En ninguna boda se vio tanta gente.

NOVIA *(Sombría.)*
    En ninguna.

PADRE
    Fue lucida.

MADRE
    Ramas enteras de familias han venido.

NOVIO
    Gente que no salía de su casa.

MADRE
    Tu padre sembró mucho y ahora lo recoges tú.

NOVIO
    Hubo primos míos que yo ya no conocía.

MADRE
    Toda la gente de la costa.

NOVIO *(Alegre.)*
    Se espantaban de los caballos.
    (Hablan.)

MADRE *(A la* NOVIA.*)*
    ¿Qué piensas?

NOVIA

No pienso en nada.

MADRE

Las bendiciones pesan mucho. *(Se oyen guitarras.)*

NOVIA

Como plomo.

MADRE *(Fuerte.)*

Pero no han de pesar. Ligera como paloma debes ser.

NOVIA

¿Se queda usted aquí esta noche?

MADRE

No. Mi casa está sola.

NOVIA

¡Debía usted quedarse!

PADRE *(A la MADRE.)*

Mira el baile que tienen formado. Bailes de allá de la orilla del mar.

(Sale LEONARDO y se sienta. Su mujer detrás de él en actitud rígida.)

MADRE

Son los primos de mi marido. Duros como piedras para la danza.

PADRE

Me alegra el verlos. ¡Qué cambio para esta casa! *(Se va.)*

NOVIO *(A la NOVIA.)*

¿Te gustó el azahar?

NOVIA *(Mirándole fija.)*
Sí.

NOVIO·
Es todo de cera. Dura siempre. Me hubiera gustado que llevaras en todo el vestido.

NOVIA
No hace falta.

(Mutis LEONARDO *por la derecha.)*

MUCHACHA 1.ª
Vamos a quitarle los alfileres.

NOVIA *(Al* NOVIO.*)*
Ahora vuelvo.

MUJER
¡Que seas feliz con mi prima!

NOVIO
Tengo seguridad.

MUJER
Aquí los dos; sin salir nunca y a levantar la casa. ¡Ojalá yo viviera también así de lejos!

NOVIO
¿Por qué no compráis tierras? El monte es barato y los hijos se crían mejor.

MUJER
No tenemos dinero. ¡Y con el camino que llevamos!

NOVIO
Tu marido es un buen trabajador.

MUJER

Sí, pero le gusta volar demasiado. Ir de una cosa a otra. No es hombre tranquilo.

CRIADA

¿No tomáis nada? Te voy a envolver unos roscos de vino para tu madre, que a ella le gustan mucho.

NOVIO

Ponle tres docenas.

MUJER

No, no. Con media tiene bastante.

NOVIO

Un día es un día.

MUJER *(A la* CRIADA.*)*

¿Y Leonardo?

CRIADA

No lo vi.

NOVIO

Debe estar con la gente.

MUJER

¡Voy a ver!

(Se va.)

CRIADA

Aquello está hermoso.

NOVIO

¿Y tú no bailas?

CRIADA

No hay quien me saque.

(Pasan al fondo dos muchachas; durante todo este acto el fondo será un animado cruce de figuras.)

NOVIO *(Alegre.)*

Eso se llama no entender. Las viejas frescas como tú bailan mejor que las jóvenes.

CRIADA

Pero ¿vas a echarme requiebros, niño? ¡Qué familia la tuya! ¡Machos entre los machos! Siendo niña vi la boda de tu abuelo. ¡Qué figura! Parecía como si se casara un monte.

NOVIO

Yo tengo menos estatura.

CRIADA

Pero el mismo brillo en los ojos. ¿Y la niña?

NOVIO

Quitándose la toca.

CRIADA

¡Ah! Mira. Para la media noche, como no dormiréis, os he preparado jamón, y unas copas grandes de vino antiguo. En la parte baja de la alacena. Por si lo necesitáis.

NOVIO *(Sonriente.)*

No como a media noche.

CRIADA *(Con malicia.)*

Si tú no, la novia. *(Se va.)*

Mozo 1.º *(Entrando.)*
¡Tienes que beber con nosotros!

Novio
Estoy esperando a la novia.

Mozo 2.º
¡Ya la tendrás en la madrugada!

Mozo 1.º
¡Que es cuando más gusta!

Mozo 2.º
Un momento.

Novio
Vamos.

(Salen. Se oye gran algazara. Sale la Novia. *Por el lado opuesto salen dos muchachas corriendo a encontrarla.)*

Muchacha 1.ª
¿A quién diste el primer alfiler, a mí, o a ésta?

Novia
No me acuerdo.

Muchacha 1.ª
A mí me lo diste aquí.

Muchacha 2.ª
A mí delante del altar.

Novia *(Inquieta y con una gran lucha interior.)*
No sé nada.

MUCHACHA 1.ª
Es que yo quisiera que tú...

NOVIA *(Interrumpiendo.)*
Ni me importa. Tengo mucho que pensar.

MUCHACHA 2.ª
Perdona.

*(*LEONARDO *cruza el fondo.)*

NOVIA *(Ve a* LEONARDO.*)*
Y estos momentos son agitados.

MUCHACHA 1.ª
¡Nosotras no sabemos nada!

NOVIA
Ya lo sabréis cuando os llegue la hora. Estos pasos
son pasos que cuestan mucho.

MUCHACHA 1.ª
¿Te ha disgustado?

NOVIA
No. Perdonad vosotras.

MUCHACHA 2.ª
¿De qué? Pero los dos alfileres sirven para casarse,
¿verdad?

NOVIA
Los dos.

MUCHACHA 1.ª
Ahora que una se casa antes que otra.

NOVIA
¿Tantas ganas tenéis?

MUCHACHA 2.ª *(Vergonzosa.)*
Sí.

NOVIA
¿Para qué?

MUCHACHA 1.ª
Pues... *(Abrazando a la segunda.)*

(Echan a correr las dos. Llega el NOVIO y muy despacio abraza a la NOVIA por detrás.)

NOVIA *(Con gran sobresalto.)*
¡Quita!

NOVIO
¿Te asustas de mí?

NOVIA
¡Ay! ¿Eras tú?

NOVIO
¿Quién iba a ser? *(Pausa.)* Tu padre o yo.

NOVIA
¡Es verdad!

NOVIO
Ahora que tu padre te hubiera abrazado más blando.

NOVIA *(Sombría.)*
¡Claro!

NOVIO *(La abraza fuertemente de modo un poco brusco.)*
    Porque es viejo.

NOVIA *(Seca.)*
    ¡Déjame!

NOVIO
    ¿Por qué?
    (La deja.)

NOVIA
    Pues… la gente. Pueden vernos. *(Vuelve a cruzar el
    fondo la* CRIADA, *que no mira a los* novios.)

NOVIO
    ¿Y qué? Ya es sagrado.

NOVIA
    Sí, pero déjame… Luego.

NOVIO
    ¿Qué tienes? ¡Estás como asustada!

NOVIA
    No tengo nada. No te vayas.

    (Sale la mujer de LEONARDO.*)*

MUJER
    No quiero interrumpir.

NOVIO
    Dime.

MUJER
    ¿Pasó por aquí mi marido?

NOVIO

No.

MUJER

Es que no lo encuentro, y el caballo no está tampoco en el establo.

NOVIO *(Alegre.)*

Debe estar dándole una carrera.

(Se va la MUJER *inquieta. Sale la* CRIADA.*)*

CRIADA

¿No andáis satisfechos de tanto saludo?

NOVIO

Ya estoy deseando que esto acabe. La novia está un poco cansada.

CRIADA

¿Qué es eso, niña?

NOVIA

¡Tengo como un golpe en las sienes!

CRIADA

Una novia de estos montes debe ser fuerte. *(Al* NOVIO.*)* Tú eres el único que la puedes curar, porque tuya es.

(Sale corriendo.)

NOVIO *(Abrazándola.)*

Vamos un rato al baile.

(La besa.)

136

NOVIA *(Angustiada.)*
No. Quisiera echarme en la cama un poco.

NOVIO
Yo te haré compañía.

NOVIA
¡Nunca! ¿Con toda la gente aquí? ¿Qué dirían? Déjame sosegar un momento.

NOVIO
¡Lo que quieras! ¡Pero no estés así por la noche!

NOVIA *(En la puerta.)*
A la noche estaré mejor.

NOVIO
¡Que es lo que yo quiero!

(Aparece la MADRE.*)*

MADRE
Hijo.

NOVIO
¿Dónde anda usted?

MADRE
En todo ese ruido. ¿Estás contento?

NOVIO
Sí.

MADRE
¿Y tu mujer?

NOVIO
Descansa un poco. ¡Mal día para las novias!

MADRE

¿Mal día? El único bueno. Para mí fue como una herencia. *(Entra la* CRIADA *y se dirige al cuarto de la* NOVIA.*)* Es la roturación de las tierras, la plantación de árboles nuevos.

NOVIO

¿Usted se va a ir?

MADRE

Sí. Yo tengo que estar en mi casa.

NOVIO

Sola.

MADRE

Sola no. Que tengo la cabeza llena de cosas y de hombres y de luchas.

NOVIO

Pero luchas que ya no son luchas.

(Sale la CRIADA *rápidamente; desaparece corriendo por el fondo.)*

MADRE

Mientras una vive, lucha.

NOVIO

¡Siempre la obedezco!

MADRE

Con tu mujer procura estar cariñoso, y si la notas infatuada o arisca, hazle una caricia que le produzca un poco de daño, un abrazo fuerte, un mordisco y luego un beso suave. Que ella no pueda disgustarse,

138

pero que sienta que tú eres el macho, el amo, el que
mandas. Así aprendí de tu padre. Y como no lo tienes, tengo que ser yo la que te enseñe estas forta-
lezas.

NOVIO
Yo siempre haré lo que usted mande.

PADRE *(Entrando.)*
¿Y mi hija?

NOVIO
Está dentro.

MUCHACHA 1.ª
¡Vengan los novios, que vamos a bailar la rueda!

MOZO 1.º *(Saliendo.)*
Tú la vas a dirigir.

PADRE *(Saliendo.)*
¡Aquí no está!

NOVIO
¿No?

PADRE
Debe haber subido a la baranda.

NOVIO
¡Voy a ver! *(Entra.)*

(Se oye algazara y guitarras.)

MUCHACHA 1.ª
¡Ya han empezado!

(Sale.)

NOVIO *(Saliendo.)*
No está.

MADRE *(Inquieta.)*
¿No?

PADRE
¿Y a dónde pudo haber ido?

CRIADA *(Entrando.)*
¿Y la niña, dónde está?

MADRE *(Seria.)*
No lo sabemos.

(Sale el NOVIO. *Entran tres invitados.)*

PADRE *(Dramático.)*
Pero, ¿no está en el baile?

CRIADA
En el baile no está.

PADRE *(Con arranque.)*
Hay mucha gente. ¡Mirad!

CRIADA
¡Ya he mirado!

PADRE *(Trágico.)*
¿Pues dónde está?

NOVIO *(Entrando.)*
Nada. En ningún sitio.

MADRE *(Al* PADRE.)
¿Qué es esto? ¿Dónde está tu hija?

(Entra la mujer de LEONARDO.*)*

MUJER

¡Han huido! ¡Han huido! Ella y Leonardo. En el
caballo. ¡Iban abrazados, como una exhalación!

PADRE

¡No es verdad! ¡Mi hija, no!

MADRE

¡Tu hija, sí! Planta de mala madre y él, también él.
¡Pero ya es la mujer de mi hijo!

NOVIO *(Entrando.)*

¡Vamos detrás! ¿Quién tiene un caballo?

MADRE

¿Quién tiene un caballo ahora mismo, quién tiene
un caballo?, que le daré todo lo que tengo, mis ojos
y hasta mi lengua...

VOZ

Aquí hay uno.

MADRE *(Al hijo.)*

¡Anda! ¡Detrás! *(Sale con dos mozos.)* No. No vayas. Esa gente mata pronto y bien... ¡pero sí, corre,
y yo detrás!

PADRE

No será ella. Quizá se haya tirado al aljibe.

MADRE

Al agua se tiran las honradas, las limpias; ¡ésa, no!
Pero ya es mujer de mi hijo. Dos bandos. Aquí hay
ya dos bandos. *(Entran todos.)* Mi familia y la tuya.

141

Salid todos de aquí. Limpiarse el polvo de los zapatos. Vamos a ayudar a mi hijo. *(La gente se separa en dos grupos.)* Porque tiene gente; que son sus primos del mar y todos los que llegan de tierra adentro. ¡Fuera de aquí! Por todos los caminos. Ha llegado otra vez la hora de la sangre. Dos bandos. Tú con el tuyo y yo con el mío. ¡Atrás! ¡Atrás!

TELON

FIN DEL ACTO SEGUNDO

ACTO TERCERO

CUADRO PRIMERO

Bosque. Es de noche. Grandes troncos húmedos. Ambiente oscuro. Se oyen dos violines.

(Salen tres leñadores.)

LEÑADOR 1.º
    ¿Y los han encontrado?

LEÑADOR 2.º
    No. Pero los buscan por todas partes.

LEÑADOR 3.º
    Ya darán con ellos.

LEÑADOR 2.º
    ¡Chissss!

143

LEÑADOR 3.º
¿Qué?

LEÑADOR 2.º
Parece que se acercan por todos los caminos a la vez.

LEÑADOR 1.º
Cuando salga la luna los verán.

LEÑADOR 2.º
Debían dejarlos.

LEÑADOR 1.º
El mundo es grande. Todos pueden vivir en él.

LEÑADOR 3.º
Pero los matarán.

LEÑADOR 2.º
Hay que seguir la inclinación; han hecho bien en
huir.

LEÑADOR 1.º
Se estaban engañando uno a otro y al fin la sangre
pudo más.

LEÑADOR 3.º
¡La sangre!

LEÑADOR 1.º
Hay que seguir el camino de la sangre.

LEÑADOR 2.º
Pero sangre que ve la luz se la bebe la tierra.

LEÑADOR 1.º
¿Y qué? Vale más ser muerto desangrado que vivo
con ella podrida.

144

LEÑADOR 3.º
Callar.

LEÑADOR 1.º
¿Qué? ¿Oyes algo?

LEÑADOR 3.º
Oigo los grillos, las ranas, el acecho de la noche.

LEÑADOR 1.º
Pero el caballo no se siente.

LEÑADOR 3.º
No.

LEÑADOR 1.º
Ahora la estará queriendo.

LEÑADOR 2.º
El cuerpo de ella era para él y el cuerpo de él para
ella.

LEÑADOR 3.º
Los buscarán y los matarán.

LEÑADOR 1.º
Pero ya habrán mezclado sus sangres y serán como
dos cántaros vacíos, como dos arroyos secos.

LEÑADOR 2.º
Hay muchas nubes y será fácil que la luna no salga.

LEÑADOR 3.º
El novio los encontrará con luna o sin luna. Yo lo
vi salir. Como una estrella furiosa. La cara color
ceniza. Expresaba el sino de su casta.

LEÑADOR 1.º
    Su casta de muertos en mitad de la calle.

LEÑADOR 2.º
    ¡Eso es!

LEÑADOR 3.º
    ¿Crees que ellos lograrán romper el cerco?

LEÑADOR 2.º
    Es difícil. Hay cuchillos y escopetas a diez leguas
    a la redonda.

LEÑADOR 3.º
    El lleva un buen caballo.

LEÑADOR 2.º
    Pero lleva una mujer.

LEÑADOR 1.º
    Ya estamos cerca.

LEÑADOR 2.º
    Un árbol de cuarenta ramas. Lo cortaremos pronto.

LEÑADOR 3.º
    Ahora sale la luna. Vamos a darnos prisa.

    (Por la izquierda surge una claridad.)

LEÑADOR 1.º
        ¡Ay luna que sales!
        Luna de las hojas grandes.

LEÑADOR 2.º
        ¡Llena de jazmines la sangre!

146

LEÑADOR 1.º

> ¡Ay luna sola!
> ¡Luna de las verdes hojas!

LEÑADOR 2.º

> Plata en la cara de la novia.

LEÑADOR 3.º

> ¡Ay luna mala!
> Deja para el amor la oscura rama.

LEÑADOR 1.º

> ¡Ay triste luna!
> ¡Deja para el amor la rama oscura!

(Salen. Por la claridad de la izquierda aparece la LUNA. *La luna es un leñador joven con la cara blanca. La escena adquiere un vivo resplandor azul.)*

LUNA

> Cisne redondo en el río,
> ojo de las catedrales,
> alba fingida en las hojas
> soy; ¡no podrán escaparse!
> ¿Quién se oculta? ¿Quién solloza
> por la maleza del valle?
> La luna deja un cuchillo
> abandonado en el aire,
> que siendo acecho de plomo
> quiere ser dolor de sangre.
> ¡Dejadme entrar! ¡Vengo helada
> por paredes y cristales!
> ¡Abrir tejados y pechos
> donde pueda calentarme!
> ¡Tengo frío! Mis cenizas
> de soñolientos metales,

buscan la cresta del fuego
por los montes y las calles.
Pero me lleva la nieve
sobre su espalda de jaspe,
y me anega, dura y fría,
el agua de los estanques.
Pues esta noche tendrán
mis mejillas roja sangre,
y los juncos agrupados
en los anchos pies del aire.
¡No haya sombra ni emboscada,
que no puedan escaparse!
¡Que quiero entrar en un pecho
para poder calentarme!
¡Un corazón para mí!
¡Caliente!, que se derrame
por los montes de mi pecho;
dejadme entrar, ¡ay, dejadme!

(A las ramas.)

No quiero sombras. Mis rayos
han de entrar en todas partes,
y haya en los troncos oscuros
un rumor de claridades,
para que esta noche tengan
mis mejillas dulce sangre,
y los juncos agrupados
en los anchos pies del aire.
¿Quién se oculta? ¡Afuera digo!
¡No! ¡No podrán escaparse!
Yo haré lucir al caballo
una fiebre de diamante.

*(Desaparece entre los troncos, y vuelve la escena a
su luz oscura. Sale una anciana totalmente cubierta*

148

por tenues paños verdeoscuro. Lleva los pies descal-
zos. Apenas si se le verá el rostro entre los pliegues.
Este personaje no figura en el reparto.)

MENDIGA

> Esa luna se va, y ellos se acercan.
> De aquí no pasan. El rumor del río
> apagará con el rumor de troncos
> el desgarrado vuelo de los gritos.
> Aquí ha de ser, y pronto. Estoy cansada.
> Abren los cofres, y los blancos hilos
> aguardan por el suelo de la alcoba
> cuerpos pesados con el cuello herido.
> No se despierte un pájaro y la brisa,
> recogiendo en su falda los gemidos,
> huya con ellos por las negras copas
> o los entierre por el blando limo.

(Impaciente.)

> ¡Esa luna, esa luna!

(Aparece la LUNA. *Vuelve la luz azul intensa.)*

LUNA

Ya se acercan. Unos por la cañada y el otro por el
río. Voy a alumbrar las piedras. ¿Qué necesitas?

MENDIGA

Nada.

LUNA

El aire va llegando duro, con doble filo.

MENDIGA

Ilumina el chaleco y aparta los botones, que después las navajas ya saben el camino.

LUNA

Pero que tarden mucho en morir.
Que la sangre
me ponga entre los dedos su delicado silbo.
¡Mira que ya mis valles de ceniza despiertan
en ansia de esta fuente de chorro estremecido!

MENDIGA

No dejemos que pasen el arroyo. ¡Silencio!

LUNA

¡Allí vienen!

(Se va. Queda la escena oscura.)

MENDIGA

De prisa. ¡Mucha luz! ¿Me has oído? ¡No pueden
escaparse!

(Entran el NOVIO *y* MOZO 1.º. *La* MENDIGA *se sienta
y se tapa con el manto.)*

NOVIO

Por aquí.

MOZO 1.º

No los encontrarás.

NOVIO *(Enérgico.)*

¡Sí los encontraré!

MOZO 1.º

Creo que se han ido por otra vereda.

NOVIO

No. Yo sentí hace un momento el galope.

Mozo 1.º
    Sería otro caballo.

Novio *(Dramático.)*
    Oye. No hay más que un caballo en el mundo, y es
    éste. ¿Te has enterado? Si me sigues, sígueme sin
    hablar.

Mozo 1.º
    Es que quisiera...

Novio
    Calla. Estoy seguro de encontrármelos aquí. ¿Ves
    este brazo? Pues no es mi brazo. Es el brazo de mi
    hermano y el de mi padre y el de toda mi familia
    que está muerta. Y tiene tanto poderío, que puede
    arrancar este árbol de raíz si quiere. Y vamos pron-
    to, que siento los dientes de todos los míos clavados
    aquí de una manera que se me hace imposible res-
    pirar tranquilo.

Mendiga *(Quejándose.)*
    ¡Ay!

Mozo 1.º
    ¿Has oído?

Novio
    Vete por ahí y da la vuelta.

Mozo 1.º
    Esto es una caza.

Novio
    Una caza. La más grande que se puede hacer.

151

(Se va el Mozo. *El* Novio *se dirige rápidamente hacia la izquierda y tropieza con la* Mendiga. *La muerte.)*

Mendiga
¡Ay!

Novio
¿Qué quieres?

Mendiga
Tengo frío.

Novio
¿Adónde te diriges?

Mendiga *(Siempre quejándose como una mendiga.)*
Allá lejos…

Novio
¿De dónde vienes?

Mendiga
De allí…, de muy lejos.

Novio
¿Viste un hombre y una mujer que corrían montados en un caballo?

Mendiga *(Despertándose.)*
Espera… *(Lo mira.)* Hermoso galán. *(Se levanta.)* Pero mucho más hermoso si estuviera dormido.

Novio
Dime, contesta, ¿los viste?

MENDIGA

Espera... ¡Qué espaldas más anchas! ¿Cómo no te gusta estar tendido sobre ellas y no andar sobre las plantas de los pies, que son tan chicas?

NOVIO *(Zamarreándola.)*

¡Te digo si los viste! ¿Han pasado por aquí?

MENDIGA *(Enérgica.)*

No han pasado; pero están saliendo de la colina. ¿No los oyes?

NOVIO

No.

MENDIGA

¿Tú no conoces el camino?

NOVIO

¡Iré sea como sea!

MENDIGA

Te acompañaré. Conozco esta tierra.

NOVIO *(Impaciente.)*

¡Pero vamos! ¿Por dónde?

MENDIGA *(Dramática.)*

¡Por allí!

(Salen rápidos. Se oyen lejanos dos violines que expresan el bosque. Vuelven los leñadores. Llevan las hachas al hombro. Pasan lentos entre los troncos.)

LEÑADOR 1.º

¡Ay muerte que sales!
Muerte de las hojas grandes.

153

LEÑADOR 2.º

    ¡No abras el chorro de la sangre!

LEÑADOR 1.º

    ¡Ay muerte sola!
    Muerte de las secas hojas.

LEÑADOR 3.º

    ¡No cubras de flores la boda!

LEÑADOR 2.º

    ¡Ay triste muerte!
    Deja para el amor la rama verde.

LEÑADOR 1.º

    ¡Ay muerte mala!
    ¡Deja para el amor la verde rama!

(Van saliendo mientras hablan. Aparecen LEONARDO
y la NOVIA.)

LEONARDO

    ¡Calla!

NOVIA

    Desde aquí yo me iré sola.
    ¡Vete! Quiero que te vuelvas.

LEONARDO

    ¡Calla, digo!

NOVIA

    Con los dientes, con las manos, como puedas,
    quita de mi cuello honrado
    el metal de esta cadena,

dejándome arrinconada
allá en mi casa de tierra.
Y si no quieres matarme
como a víbora pequeña,
pon en mis manos de novia
el cañón de la escopeta.
¡Ay, qué lamento, qué fuego
me sube por la cabeza!
¡Qué vidrios se me clavan en la lengua!

LEONARDO

Ya dimos el paso; ¡calla!,
porque nos persiguen cerca
y te he de llevar conmigo.

NOVIA

¡Pero ha de ser a la fuerza!

LEONARDO

¿A la fuerza? ¿Quién bajó
primero las escaleras?

NOVIA

Yo las bajé.

LEONARDO

¿Quién le puso
al caballo bridas nuevas?

NOVIA

Yo misma. Verdad.

LEONARDO

¿Y qué manos
me calzaron las espuelas?

NOVIA

Estas manos, que son tuyas,
pero que al verte quisieran
quebrar las ramas azules
y el murmullo de tus venas.
¡Te quiero! ¡Te quiero! ¡Aparta!
Que si matarte pudiera,
te pondría una mortaja
con los filos de violetas.
¡Ay, qué lamento, qué fuego
me sube por la cabeza!

LEONARDO

¡Qué vidrios se me clavan en la lengua!
Porque yo quise olvidar
y puse un muro de piedra
entre tu casa y la mía.
Es verdad. ¿No lo recuerdas?
Y cuando te vi de lejos
me eché en los ojos arena.
Pero montaba a caballo
y el caballo iba a tu puerta.
Con alfileres de plata
mi sangre se puso negra,
y el sueño me fue llenando
las carnes de mala hierba.
Que yo no tengo la culpa,
que la culpa es de la tierra
y de ese olor que te sale
de los pechos y las trenzas.

NOVIA

¡Ay qué sinrazón! No quiero
contigo cama ni cena,
y no hay minuto del día
que estar contigo no quiera,

porque me arrastras y voy,
y me dices que me vuelva
y te sigo por el aire
como una brizna de hierba.
He dejado a un hombre duro
y a toda su descendencia
en la mitad de la boda
y con la corona puesta.
Para ti será el castigo
y no quiero que lo sea.
¡Déjame sola! ¡Huye tú!
No hay nadie que te defienda.

LEONARDO

Pájaros de la mañana
por los árboles se quiebran.
La noche se está muriendo
en el filo de la piedra.
Vamos al rincón oscuro,
donde yo siempre te quiera,
que no me importa la gente,
ni el veneno que nos echa.

(La abraza fuertemente.)

NOVIA

Y yo dormiré a tus pies
para guardar lo que sueñas.
Desnuda, mirando al campo,

(Dramática.)

como si fuera una perra,
¡porque eso soy! Que te miro
y tu hermosura me quema.

157

LEONARDO

Se abrasa lumbre con lumbre.
La misma llama pequeña
mata dos espigas juntas.
¡Vamos!

(La arrastra.)

NOVIA

¿Adónde me llevas?

LEONARDO

Adonde no puedan ir
estos hombres que nos cercan.
¡Donde yo pueda mirarte!

NOVIA *(Sarcástica.)*

Llévame de feria en feria,
dolor de mujer honrada,
a que las gentes me vean
con las sábanas de boda
al aire, como banderas.

LEONARDO

También yo quiero dejarte
si pienso como se piensa.
Pero voy donde tú vas.
Tú también. Da un paso. Prueba.
Clavos de luna nos funden
mi cintura y tus cadenas.

*(Toda esta escena es violenta, llena de gran sensua-
lidad.)*

NOVIA

¿Oyes?

LEONARDO

Viene gente.

NOVIA

¡Huye!
Es justo que yo aquí muera
con los pies dentro del agua,
espinas en la cabeza.
Y que me lloren las hojas,
mujer perdida y doncella.

LEONARDO

Cállate. Ya suben.

NOVIA

¡Vete!

LEONARDO

Silencio. Que no nos sientan.
Tú delante. ¡Vamos, digo!

(Vacila la NOVIA.*)*

NOVIA

¡Los dos juntos!

LEONARDO *(Abrazándola.)*
¡Como quieras!
Si nos separan, será
porque esté muerto.

NOVIA

Y yo muerta.

(Salen abrazados.)

(Aparece la LUNA *muy despacio. La escena adquiere
una fuerte luz azul. Se oyen los dos violines. Brus-*

*camente se oyen dos largos gritos desgarrados, y se
corta la música de los violines. Al segundo grito aparece la* MENDIGA *y queda de espaldas. Abre el manto
y queda en el centro como un gran pájaro de alas
inmensas. La* LUNA *se detiene. El telón baja en medio de un silencio absoluto.)*

TELON

CUADRO ULTIMO

*Habitación blanca con arcos y gruesos muros. A la de-
recha y a la izquierda escaleras blancas. Gran arco al
fondo y pared del mismo color. El suelo será también
de un blanco reluciente. Esta habitación simple tendrá
un sentido monumental de iglesia. No habrá ni un gris,
ni una sombra, ni siquiera lo preciso para la perspectiva.*

*(Dos muchachas vestidas de azul oscuro están deva-
nando una madeja roja.)*

MUCHACHA 1.ª
    Madeja, madeja,
    ¿qué quieres hacer?

MUCHACHA 2.ª
    Jazmín de vestido,
    cristal de papel.
    Nacer a las cuatro,
    morir a las diez.
    Ser hilo de lana,
    cadena a tus pies
    y nudo que apriete
    amargo laurel.

160

NIÑA *(Cantando.)*
>
> ¿Fuisteis a la boda?

MUCHACHA 1.ª
>
> No.

NIÑA
>
> ¡Tampoco fui yo!
> ¿Qué pasaría
> por los tallos de las viñas?
> ¿Qué pasaría
> por el ramo de la oliva?
> ¿Qué pasó
> que nadie volvió?
> ¿Fuisteis a la boda?

MUCHACHA 2.ª
>
> Hemos dicho que no.

NIÑA *(Yéndose.)*
>
> ¡Tampoco fui yo!

MUCHACHA 2.ª
>
> Madeja, madeja,
> ¿qué quieres cantar?

MUCHACHA 1.ª
>
> Heridas de cera,
> dolor de arrayán.
> Dormir la mañana,
> de noche velar.

NIÑA *(En la puerta.)*
>
> El hilo tropieza
> con el pedernal.
> Los montes azules
> lo dejan pasar.

Corre, corre, corre,
y al fin llegará
a poner cuchillo
y a quitar el pan.

(Se va.)

MUCHACHA 2.ª
Madeja, madeja,
¿qué quieres decir?

MUCHACHA 1.ª
Amante sin habla.
Novio carmesí.
Por la orilla muda
tendidos los vi.

(Se detiene mirando la madeja.)

NIÑA *(Asomándose a la puerta.)*
Corre, corre, corre,
el hilo hasta aquí.
Cubiertos de barro
los siento venir.
¡Cuerpos estirados,
paños de marfil!

(Se va.)

(Aparecen la MUJER *y la* SUEGRA *de* LEONARDO. *Llegan angustiadas.)*

MUCHACHA 1.ª
¿Vienen ya?

SUEGRA *(Agria.)*
No sabemos.

MUCHACHA 2.ª
>   ¿Qué contáis de la boda?

MUCHACHA 1.ª
>   Dime.

SUEGRA *(Seca.)*
>   Nada.

MUJER
>   Quiero volver para saberlo todo.

SUEGRA *(Enérgica.)*
>   Tú, a tu casa.
>   Valiente y sola en tu casa.
>   A envejecer y a llorar.
>   Pero la puerta cerrada.
>   Nunca. Ni muerto ni vivo.
>   Clavaremos las ventanas.
>   Y vengan lluvias y noches
>   sobre las hierbas amargas.

MUJER
>   ¿Qué habrá pasado?

SUEGRA
>   No importa.
>   Echate un velo en la cara.
>   Tus hijos son hijos tuyos
>   nada más. Sobre la cama
>   pon una cruz de ceniza
>   donde estuvo su almohada.

(Salen.)

MENDIGA *(A la puerta.)*
>   Un pedazo de pan, muchachas.

NIÑA

　　　　¡Vete!

(Las muchachas se agrupan.)

MENDIGA

　　　　¿Por qué?

NIÑA

　　　　Porque tú gimes: vete.

MUCHACHA 1.ª

　　　　¡Niña!

MENDIGA

　　　　¡Pude pedir tus ojos! Una nube
　　　　de pájaros me sigue; ¿quieres uno?

NIÑA

　　　　¡Yo me quiero marchar!

MUCHACHA 2.ª *(A la MENDIGA.)*

　　　　¡No le hagas caso!

MUCHACHA 1.ª

　　　　¿Vienes por el camino del arroyo?

MENDIGA

　　　　¡Por allí vine!

MUCHACHA 1.ª *(Tímida.)*

　　　　¿Puedo preguntarte?

MENDIGA

　　　　Yo los vi; pronto llegan: dos torrentes
　　　　quietos al fin entre las piedras grandes,

dos hombres en las patas del caballo.
Muertos en la hermosura de la noche.

(Con delectación.)

Muertos, sí, muertos.

MUCHACHA 1.ª
¡Calla, vieja, calla!

MENDIGA
Flores rotas los ojos, y sus dientes
dos puñados de nieve endurecida.
Los dos cayeron, y la novia vuelve
teñida en sangre falda y cabellera.
Cubiertos con dos mantas ellos vienen
sobre los hombros de los mozos altos.
Así fue; nada más. Era lo justo.
Sobre la flor del oro, sucia arena.

(Se va. Las MUCHACHAS *inclinan las cabezas y rítmicamente van saliendo.)*

MUCHACHA 1.ª
Sucia arena.

MUCHACHA 2.ª
Sobre la flor del oro.

NIÑA
Sobre la flor del oro
traen a los muertos del arroyo.
Morenito el uno,
morenito el otro.
¡Qué ruiseñor de sombra vuela y gime
sobre la flor del oro!

(Se va. Queda la escena sola. Aparece la MADRE *con una* VECINA. *La* VECINA *viene llorando.)*

MADRE

Calla.

VECINA

No puedo.

MADRE

Calla, he dicho. *(En la puerta.)* ¿No hay nadie aquí? *(Se lleva las manos a la frente.)* Debía contestarme mi hijo. Pero mi hijo es ya un brazado de flores secas. Mi hijo es ya una voz oscura detrás de los montes. *(Con rabia a la vecina.)* ¿Te quieres callar? No quiero llantos en esta casa. Vuestras lágrimas son lágrimas de los ojos nada más, y las mías vendrán cuando yo esté sola, de las plantas de mis pies, de mis raíces, y serán más ardientes que la sangre.

VECINA

Vente a mi casa; no te quedes aquí.

MADRE

Aquí, aquí quiero estar. Y tranquila. Ya todos están muertos. A media noche dormiré, dormiré sin que ya me aterren la escopeta o el cuchillo. Otras madres se asomarán a las ventanas, azotadas por la lluvia, para ver el rostro de sus hijos. Yo no. Yo haré con mi sueño una fría paloma de marfil que lleve camelias de escarcha sobre el camposanto. Pero no; camposanto no, camposanto no: lecho de tierra, cama que los cobija y que los mece por el cielo. *(Entra una mujer de negro que se dirige a la derecha y allí se arrodilla. A la* VECINA.*)* Quítate las manos de la cara. Hemos de pasar días terribles. No

166

quiero ver a nadie. La Tierra y yo. Mi llanto y yo. Y estas cuatro paredes. ¡Ay! ¡Ay! *(Se sienta transida.)*

VECINA
Ten caridad de ti misma.

MADRE *(Echándose el pelo hacia atrás.)*
He de estar serena. *(Se sienta.)* Porque vendrán las vecinas y no quiero que me vean tan pobre. ¡Tan pobre! Una mujer que no tiene un hijo siquiera que poderse llevar a los labios.

(Aparece la NOVIA. *Viene sin azahar y con un manto negro.)*

VECINA *(Viendo a la* NOVIA, *con rabia.)*
¿Dónde vas?

NOVIA
Aquí vengo.

MADRE *(A la* VECINA.)
¿Quién es?

VECINA
¿No la reconoces?

MADRE
Por eso pregunto quién es. Porque tengo que no reconocerla, para no clavarla mis dientes en el cuello. ¡Víbora! *(Se dirige hacia la* NOVIA *con ademán fulminante; se detiene. A la* VECINA.) ¿La ves? Está ahí, y está llorando, y yo quieta sin arrancarle los ojos. No me entiendo. ¿Será que yo no quería a mi hijo? Pero ¿y su honra? ¿Dónde está su honra?

(Golpea a la Novia. *Esta cae al suelo.)*

Vecina

¡Por Dios! *(Trata de separarlas.)*

Novia *(A la* Vecina.*)*

Déjala; he venido para que me mate y que me lleven
con ellos. *(A la* Madre.*)* Pero no con las manos; con
garfios de alambre, con una hoz, y con fuerza, hasta
que se rompa en mis huesos. ¡Déjala! Que quiero que
sepa que yo soy limpia, que estaré loca, pero que me
pueden enterrar sin que ningún hombre se haya mirado en la blancura de mis pechos.

Madre

Calla, calla; ¿qué me importa eso a mí?

Novia

¡Porque yo me fui con el otro, me fui! *(Con angus-
tia.)* Tú también te hubieras ido. Yo era una mujer
quemada, llena de llagas por dentro y por fuera, y
tu hijo era un poquito de agua de la que yo esperaba hijos, tierra, salud; pero el otro era un río oscuro, lleno de ramas, que acercaba a mí el rumor de
sus juncos y su cantar entre dientes. Y yo corría con
tu hijo que era como un niñito de agua fría y el otro
me mandaba cientos de pájaros que me impedían
el andar y que dejaban escarcha sobre mis heridas
de pobre mujer marchita, de muchacha acariciada
por el fuego. Yo no quería, ¡óyelo bien!; yo no
quería. Tu hijo era mi fin y yo no lo he engañado,
pero el brazo del otro me arrastró como un golpe
de mar, como la cabezada de un mulo, y me hubiera
arrastrado siempre, siempre, siempre, aunque hubiera sido vieja y todos los hijos de tu hijo me hubiesen
agarrado de los cabellos! *(Entra una vecina.)*

MADRE

Ella no tiene la culpa, ¡ni yo! *(Sarcástica.)* ¿Quién la tiene, pues? ¡Floja, delicada, mujer de mal dormir es quien tira una corona de azahar para buscar un pedazo de cama calentado por otra mujer!

NOVIA

¡Calla, calla! Véngate de mí; ¡aquí estoy! Mira que mi cuello es blando; te costará menos trabajo que segar una dalia de tu huerto. Pero ¡eso no! Honrada, honrada como una niña recién nacida. Y fuerte para demostrártelo. Enciende la lumbre. Vamos a meter las manos; tú, por tu hijo, yo, por mi cuerpo. Las retirarás antes tú. *(Entra otra vecina.)*

MADRE

Pero ¿qué me importa a mí tu honradez? ¿Qué me importa tu muerte? ¿Qué me importa a mí nada de nada? Benditos sean los trigos, porque mis hijos están debajo de ellos; bendita sea la lluvia, porque moja la cara de los muertos. Bendito sea Dios, que nos tiende juntos para descansar. *(Entra otra vecina.)*

NOVIA

Déjame llorar contigo.

MADRE

Llora. Pero en la puerta.

(Entra la NIÑA. *La* NOVIA *queda en la puerta. La* MADRE, *en el centro de la escena.)*

MUJER *(Entrando y dirigiéndose a la izquierda.)*
            Era hermoso jinete,
            y ahora montón de nieve.
            Corrió ferias y montes
            y brazos de mujeres.

Ahora, musgo de noche
le corona la frente.

MADRE

Girasol de tu madre,
espejo de la tierra.
Que te pongan al pecho
cruz de amargas adelfas;
sábana que te cubra
de reluciente seda,
y el agua forme un llanto
entre tus manos quietas.

MUJER

¡Ay, qué cuatro muchachos
llegan con hombros cansados!

NOVIA

¡Ay, qué cuatro galanes
traen a la muerte por el aire!

MADRE

Vecinas.

NIÑA *(En la puerta.)*
Ya los traen.

MADRE

Es lo mismo.
La cruz, la cruz.

MUJERES

Dulces clavos,
dulce cruz,
dulce nombre
de Jesús.

170

NOVIA

Que la cruz ampare a muertos y a vivos.

MADRE

Vecinas: con un cuchillo,
con un cuchillito,
en un día señalado, entre las dos y las tres,
se mataron los dos hombres del amor.
Con un cuchillo,
con un cuchillito
que apenas cabe en la mano,
pero que penetra fino
por las carnes asombradas,
y que se para en el sitio
donde tiembla enmarañada
la oscura raíz del grito.
Y esto es un cuchillo,
un cuchillito
que apenas cabe en la mano;
pez sin escamas ni río,
para que un día señalado, entre las dos y las tres,
con este cuchillo
se queden dos hombres duros
con los labios amarillos.
Y apenas cabe en la mano,
pero que penetra frío
por las carnes asombradas
y allí se para, en el sitio
donde tiembla enmarañada
la oscura raíz del grito.

(Las vecinas, arrodilladas en el suelo, lloran.)

TELON

FIN DEL DRAMA

171

APENDICES

EL CRIMEN DE NIJAR, FUENTE INICIAL
DE *BODAS DE SANGRE*, EN EL DIARIO *ABC*

Crimen desarrollado en circunstancias misteriosas. (*ABC*, 25 de julio de 1928, p. 22.)

Almería 24, 1 tarde. En las inmediaciones de un cortijo de Níjar se ha perpetrado un crimen en circunstancias misteriosas.

Para la mañana de ayer se había concertado la boda de una hija del cortijero, joven de veinte años.

En la casa se hallaban esperando la hora de la ceremonia el novio y numerosos invitados. Como la hora se acercaba y la novia no llegaba ni aparecía por la casa, los invitados se retiraron contrariados. Uno de éstos encontró a una distancia de ocho kilómetros del cortijo el cadáver ensangrentado de un primo de la novia que iba a casarse, apellidado Montes Cañada, de treinta y cuatro años. A las voces de auxilio del que hizo el hallazgo acudieron numerosas personas que regresaban de la cortijada y la Guardia Civil, que logró dar con la novia, que se hallaba oculta en un lugar próximo al que estaba el cadáver y con las ropas desgarradas.

Detenida la novia, manifestó que había huido en unión

de su primo para burlar al novio. La fuga la emprendieron en una caballería, y al llegar al lugar del crimen les salió al encuentro un enmascarado, que hizo cuatro disparos, produciendo la muerte a Montes Cañada.

También fue detenido el novio, quien niega toda participación en el crimen, que hasta ahora aparece envuelto en el mayor misterio.

*

Detalles del crimen desarrollado en circunstancias misteriosas. (ABC, 26 de julio de 1928, p. 19.)

Almería 25, 1 tarde.   Se conocen nuevos detalles del crimen desarrollado cerca de un cortijo de Níjar.

En dicho cortijo iba a celebrarse la boda de Francisca Cañada Morales, de veintiséis años, coja, y con un padecimiento a la vista, con Casimiro Pérez Pino, de veintinueve años.

El padre de la novia, en atención a sus defectos, la había dotado con una crecida cantidad. En la mañana del lunes, y entre los invitados a la boda, figuraba Francisco Montes, primo de la novia, a la que propuso la fuga. Rápidamente concertaron la huida, la que efectuaron en una caballería. Los fugitivos encontraron a pocos kilómetros del cortijo a un hombre que les hizo tres disparos. La novia sufrió un accidente y Francisco Montes resultó muerto, siendo encontrado su cadáver por un hermano.

Una hermana de la víctima, al enterarse de lo ocurrido, ha perdido sus facultades mentales.

Se han efectuado varias detenciones. Hasta ahora se desconoce el autor del crimen.

*

Detalles del crimen desarrollado en circunstancias misteriosas. (ABC, 27 de julio de 1928, p. 22.)

Almería 26, 2 tarde.   Continúa el misterio alrededor del crimen cometido cerca de la Cortijada del Fraile, en el término de Níjar.

El juez que entiende en el asunto ha tomado declaración a los detenidos y a varios invitados a la boda. También se ha efectuado una inspección ocular en el lugar donde se desarrolló el hecho.

Se concede importancia a las declaraciones de José Pérez Pino y de la mujer de éste, Carmen Montes Cañada, hermana de la novia promotora del trágico suceso.

*

Se aclara el misterio del crimen de la cortijada de Níjar.
(ABC, 28 de julio de 1928, p. 21.)

Almería 27, 1 tarde.   Se ha aclarado el misterio que rodeaba el crimen cometido en las inmediaciones de la cortijada de Níjar.

La detenida, Francisca Cañada Morales, sometida a estrecho interrogatorio, acusó como autor del crimen a José Pérez Pino, hermano del novio burlado.

Careados ambos hermanos, José acabó por confesar su delito. Declaró que bebió con exceso en el cortijo, y que se encontró en el camino a los fugados. Entonces, sintió tal ofuscación y vergüenza por la ofensa que se infería a su hermano, que se abalanzó sobre Francisco, al que arrebató un revólver del que ya había hecho uso, disparándole tres tiros que le produjeron la muerte.

En vista de esta declaración han sido libertados el anciano padre de la novia y Casimiro Pérez Pino.

DISCURSOS Y DECLARACIONES

I

[DISCURSO A LOS ACTORES ARGENTINOS EN EL HOMENAJE A LOLA MEMBRIVES] *

Nos reunimos aquí esta noche en cordial homenaje a una insigne actriz, Lola Membrives, maja con abanico de

---

* Este breve discurso fue pronunciado por García Lorca en la noche del 15 de marzo de 1934, en el teatro Comedia de Buenos Aires. Lo reprodujo al día siguiente el diario *Crítica,* y el día 22 lo recogía *El País* (Córdoba). Se incluye en este volumen, a pesar de su relación con las representaciones de *La dama boba,* porque anticipa el «Discurso a los actores madrileños» con motivo de *Yerma* y es un índice de las preocupaciones estéticas lorquianas en la etapa de *Bodas de sangre.* He suprimido los ladillos periodísticos, aquí innecesarios, aparte de ajenos al poeta.

Según la entradilla de *Crítica,* Eva Franco ofreció a la gente del teatro una función especial de *La dama boba,* realizada en homenaje a L. Membrives. García Lorca intervino en uno de los intermedios de la representación.

fuego, mujer sombría o muchachita loca verdadera gloria del teatro, y para admirar la labor de entusiasmo que una compañía argentina, con la deliciosa Eva Franco por juvenil capitana, ha puesto en ritmar el ejemplo dramático de un antiguo poeta español.

Yo no quiero hablar aquí como lírico que oye mares y árboles y tiembla con la oscuridad llena de mariposas y de insectos, ni como el poeta que sueña en su cuarto la obra dramática que después realiza, sino como un apasionado amante del teatro, como un profundo creyente de su eficacia inalterable y de su gloria futura.

Cuando me hablan de la decadencia del teatro, yo pienso en los jóvenes autores dramáticos que, por culpa de la organización actual de la escena, dejan su mundo de sueño y hacen otra cosa cansados de lucha; cuando me hablan de la decadencia del teatro, yo pienso en los millones de hombres que esperan en los campos y en los arrabales de las ciudades ver con sus ojos nuevos de asombro el idilio con ruiseñor de Romeo y Julieta, la panza llena de vino de Falstaff o el lamento de nuestro Segismundo luchando cara a cara con el cielo. No creo en la decadencia de nuestro teatro como no creo en la decadencia de la pintura, ni en la decadencia de la música.

Cuando Mengs pinta con colores llenos de miedo y pinceles podridos a la adulación de la corte de Carlos IV, llega Goya pintando con los zapatos llenos de barro, agresivamente y sin disimulo, la cara boba de la duquesa de Medinaceli o el rostro farsante del príncipe Fernando, que el otro había representado como Diana y Apolo. Cuando los impresionistas hacen una papilla de luz con los paisajes, Cézanne levanta muros definitivos y pinta manzanas eternas donde no penetrará jamás el aterido gusano. Cuando el rumor de Mozart se hace demasiado angélico, acude como equilibrio el canto de Beethoven, demasiado humano. Cuando los dioses de Wagner hacen demasiado grande la expresión artística, llega Debussy narrando la epopeya de un lirio sobre el agua. Cuando el legado imaginativo de Calderón de la Barca se llena de monstruos idiotas y expresiones retorcidas en los poetastros del XVIII, llega la flauta

179

de Moratín, deliciosa, entre cuatro paredes; y cuando Francia se encierra demasiado en sus cámaras bordadas de seda, hay una lluvia furiosa que se llama Víctor Hugo, que rompe los canapés con patas de gacelas y llena de algas y puñados de arena los espejos moribundos de las consolas.

No hay decadencia, porque la decadencia es un comienzo de agonía y un presagio de muerte; hay un natural sístole y diástole en el corazón del teatro, un cambio de paisajes y de modos, pero la esencia del teatro permanece inalterable en espera de nuevas manos y más generosos intérpretes. Cambian las formas, no cambia la sustancia, pero..., pero. En este teatro, lleno de actores y de autores y de críticos, yo digo que lo que pasa es que existe una grave crisis de autoridad. El teatro ha perdido su autoridad y, si sigue así y nosotros dejamos que siga así, conseguiremos que las nuevas generaciones pierdan la fe y, por tanto, el manantial precioso de la vocación.

El teatro ha perdido su autoridad porque día tras día se ha producido un gran desequilibrio entre arte y negocio. El teatro necesita dinero y es justo y fundamental para su vida que sea motivo de lucro; pero hasta la mitad nada más. La otra mitad es depuración, belleza, cuidado, sacrificio para un fin superior de emoción y cultura.

No estoy hablando de teatro de arte, ni de teatro de experimentación, porque ése tiene que ser de pérdidas exclusivamente, y no de ganancias: hablo del teatro corriente, del de todos los días, del teatro de taquilla, al que hay que exigirle un mínimum de decoro y recordarle en todo momento su función artística, su función educativa.

El público no tiene la culpa, al público se le atrae, se le engaña, se le educa y se le da, sin que él se dé cuenta, no gato por liebre, sino oro por liebre. Pero sin perder de vista que el teatro es superior al público y no inferior, como ocurre con lamentable frecuencia; y no olvidar que el actor es un noble artista que trabaja por vocación y no perderlo en repetición de obras, donde se agota su entusiasmo por el modo exclusivamente comercial con que están montadas y que lo convierten en el más simple de los servidores. Y no olvidar nunca que el teatro es un arte, un gran arte, un arte que nace con el hombre, que lo lleva en lo más noble de su alma y que, cuando quiere expresar lo más profundo de su historia y de su ser, lo expresa representando, repitiendo actitudes físicas. El santo sacrificio de la misa es la representación teatral más perfecta que se puede ver todavía.

Desde el teatro más pobre de vodevil, hasta el teatro donde se anima la tragedia, hay que repetir hasta la saciedad la palabra arte. Porque es triste que el único sitio donde se dice arte, con sarcasmo y burla, sea en los pasillos de los teatros. «Sí, pero eso es arte, a eso no va el público», se oye decir todos los días; y yo digo: ¡¡Va!! El público va con emoción a los espectáculos que considera superiores a él, a los espectáculos donde aprende, donde encuentra autoridad.

Por eso me dan tanto aliento los éxitos como el de *Mirandolina,* éste de *La dama boba* y los de la Gran Lola, entre otros que dan autoridad al teatro y alegría a los actores, que se sienten lo que son, artistas en función de un arte que cultivan y al cual dedican su actividad de hombres.

El teatro tiene que volver por sus antiguos fueros con el respeto y la devoción que merecen.

[Después de hacer una interesante referencia a la resurrección de los clásicos a que asiste Europa, agregó:]

Puede parecer que estas canciones y bailes que yo he puesto en *La dama boba* no están de acuerdo con el carácter de la comedia. Pero no es verdad. Todavía, por premura de tiempo, he puesto pocas. En el teatro español de la época se bailaba y cantaba constantemente, y de ahí nació la zarzuela española, con *La púrpura de la rosa* y el *Eco y Narciso,* de Calderón de la Barca. Se mezclaban con las comedias, y en todo momento, las danzas y canciones más variadas.

Así pues, para lograr autoridad en el teatro hay no sólo que montar obras buenas, sino montarlas con un imprescindible director de escena. Esto lo deben ir sabiendo to-

181

das las compañías. Hacen falta directores de escena autorizados y documentados, que transformen las obras y las interpreten con un estilo. Y yo no digo que se pongan siempre obras maestras, porque no puede ser, pero sí afirmo que, con director y entusiasmo en los intérpretes por él disciplinados, de una obra mala se sacan virtudes y efectos de obra buena.

No quiero deciros esto como dómine, ni con frase de persona suficiente. Creo que estoy entre entusiastas del teatro y esto lo digo con toda modestia, sin poner cátedra, y me nace directamente del corazón.

Texto recogido de *Crítica* por Jacques Comincioli: «F. G. L. Un texto olvidado y cuatro documentos», *Cuadernos Hispanoamericanos,* 130 (1960), pp. 35-36.

II

[SALUDO AL PUBLICO DE BUENOS AIRES]

Señoras y señores: El dirigir la palabra esta noche al público no tiene más objeto que dar las gracias bajo el arco de la escena por el calor y la cordialidad y la simpatía con que me ha recibido este hermoso país, que abre sus praderas y sus ríos a todas las razas de la tierra.

A los rusos con sus estrellas de nieve, a los gallegos que llegan sonando ese cuerno de blando metal que es su idioma, a los franceses en su ansia de hogar limpio, al italiano con su acordeón lleno de cintas, al japonés con su tristeza definitiva. Pero a pesar de esto, cuando subía por las ondas rojizas y ásperas como la melena de un león que tiene el Río de la Plata, no soñaba esperar, por no merecer, esta paloma blanca temblorosa de confianza que la enorme ciudad me ha puesto en las manos; y más que el aplauso y el elogio agradece el poeta la sonrisa de viejo amigo que me entrega el aire luminoso de la Avenida de Mayo.

En los comienzos de mi vida de autor yo considero como fuerte espaldarazo esta ayuda atenta de Buenos Aires, que correspondo buscando su perfil más agudo entre sus barcos, sus bandoneones, sus finos caballos tendidos al viento, la música dormida de su castellano suave y los hogares lindos del pueblo, donde el tango abre en el crepúsculo sus mejores abanicos de lágrimas.

Rubén Darío, el gran poeta de América, cantó con voz inolvidable la gloria de la Argentina poniendo vítores azules y blancos en las pirámides que forman la zumbadora rosa de sus vientos. Para agradecer vuestra cortesía, yo pongo mi voz pequeña como un junco del Genil al lado de ese negro tronco de higuera que es la voz suya. Salud a todos.

Palabras leídas en la reposición de *Bodas de sangre* en el teatro Avenida (25.X.1933). Vid. «L. Membrives reapareció ayer en el Avenida. F. G. L. habló y fue muy aplaudido», *La Nación*, 26.X.1933. En Marie Laffranque: «F. G. L. Déclarations et interviews retrouvés», *Bulletin Hispanique*, LVIII, 3 (1956), pp. 323-324. Reprodujo también el texto C. Pacheco, «Teatro. *Bodas de sangre*, de F. G. L.», *Criterio*, 2.XI.1933; y se dio igualmente en «Homenaje a G. L. La reposición de *Bodas de sangre* en el Avenida fue una jornada de triunfo, llena de emoción. G. L. obtiene dos nuevos éxitos con sus conferencias "Cómo cantó una ciudad de noviembre a noviembre" y "Poeta en Nueva York". Banquete del Pen Club», *España Republicana*, 2.XI.1933.

III

EL POETA GARCIA LORCA Y SU TRAGEDIA
BODAS DE SANGRE

[...] —Dígame, Josefina, ¿qué impresión le causó la lectura de *Bodas de sangre*?

—Impresión inolvidable y maravillosa. Hace mucho tiempo, una noche, ya de madrugada, me telefoneó Federico diciéndome que quería leerme su obra. «Ven cuando quieras», fue mi respuesta. «¿Te molestaría ahora mismo?», insistió él. «De ningún modo. Te espero.» Y tirándome de la cama, donde ya reposaba, me dispuse a escuchar sus cuadernos. No le voy a decir que me sorprendió la magnificencia de su tragedia. Por ser obra suya, yo esperaba en *Bodas de sangre* todas las bellezas imaginables. Sin embargo, logra García Lorca en esta pieza aciertos tan rotundos, vuela tan alto su vuelo creador, que, escuchándole, me invadió una emoción tan viva que no pude por menos que prorrumpir en un aplauso cerrado, lo que se dice enteramente rendida a sus gracias. Luego, los ensayos, el estreno felicísimo, y lo demás ya usted lo conoce...

Ahora es Federico el que habla:

—No más una obra dramática con el martilleo del verso desde la primera a la última escena. La prosa libre y dura puede alcanzar altas jerarquías expresivas, permitiéndonos un desembarazo imposible de lograr dentro de las rigideces de la métrica. Venga en buena hora la poesía en aquellos instantes que la disposición y el frenesí del tema lo exijan. Mas nunca en otro momento. Respondiendo a esta fórmula, vea usted, en *Bodas de sangre,* cómo hasta el cuadro epitalámico el verso no hace su aparición con la intención y la anchura debidas, y cómo ya no deja de señorear la escena en el cuadro del bosque y en el que pone fin a la obra.

—¿Qué momento le satisface más en *Bodas de sangre,* Federico?

—Aquel en que intervienen la Luna y la Muerte, como elementos y símbolos de fatalidad. El realismo que preside hasta ese instante la tragedia se quiebra y desaparece para dar paso a la fantasía poética, donde es natural que yo me encuentre como pez en el agua.

—Hay otra escena, Federico —le arguyo—, que, sin perder su perfil de realidad, puede competir en belleza con ésa que me señala.

—¿Cuál?

—Aquel coro de voces juveniles llamando a la novia al divino momento de sus nupcias. ¿Quiere usted repetirlo?

Y Federico lee la escena que transcribimos a continuación:

184

MUCHACHA 1.ª *(entrando).*   Despierte la novia

... ...

PADRE.   Como un toro la boda
                              levantándose está.

Salud, amigo mío. Josefina Díaz de Artigas, salud y un
poco de alegría para esos ojos bellísimos, hartos de llorar
el bien perdido. Tendamos todos los lienzos de púrpura
para esta musa gitana y granadina de Federico García
Lorca, que con la frente cuajada de mirtos líricos acaba
de ceñir sobre ellos la áurea diadema de la dramática, tan
necesitada de acentos nuevos y de claras gracias inéditas.
Salud, Josefina. Un abrazo muy fuerte, amigo mío.

Pedro Massa: «"Muy antiguo y muy moderno". El poeta
García Lorca y su tragedia *Bodas de sangre*», *Crítica* (Madrid),
9.IV.1933, pp. 12-13. Entrevista recogida por Marie Laffranque:
«F. G. L. Déclarations et interviews retrouvés», *Bulletin Hispanique*, LVIII, 3 (1956), pp. 312-313.

IV

CHARLA CON FEDERICO GARCIA LORCA

UNA INTERVIU EN COLABORACION... LAS TRES VOCES
INTERNAS DEL POETA... VALLE INCLAN, MAL DISCIPULO
DE RUBEN... TEATRO DE PUERCOS... LEON ESTROPEADO

Justificación

*Nos habíamos visto y... por primera vez, sin duda, nos
esquivamos. [...] Pero, lejos de eso, las líneas de nuestros
pasos fueron [...] en busca de un punto seguro de conver-
gencia. El vértice, jalonado por la contera de tres autos en
los que se leía «La Barraca. Teatro Universitario», era un
hombre, Federico García Lorca, «el que se la llevó al río»,
como le dicen por muchos pueblos, haciéndole protagonista*

de su romance más popular. Encontradas, así, nuestras ansias, hubo que adoptar, dictada por el comité paritario de nuestra honda amistad, una solución de franca armonía. Haríamos la interviú a medias y la escribiríamos en colaboración.

[...] Enterados de su llegada en las primeras horas de la noche del viernes, nos apresuramos —deber de periodistas— a darles la bienvenida. Y fue García Lorca —capitán con Ugarte [de La Barraca]—, en el vestíbulo del hotel, el primero en estrecharnos la mano apretadamente. Unas preguntas atropelladas, entre el alegre jadear de la llegada, de puro sabor informativo —plan a desarrollar en León— y con otro apretón de manos una solicitud y una promesa.

—¿Podremos hablar con usted, ampliamente, para La Mañana, *de esta capital?*

—Encantado. ¿Les parece a ustedes bien mañana, después del almuerzo?

—*Perfectamente. ¿Hasta mañana, pues?*

—Hasta mañana.

Comienza el diálogo

Calle ancha abajo, apenas salidos del hotel, Federico García Lorca, «moreno de verde luna» como el Camborio de su romance, contesta, expansivo y cordial a nuestra primera pregunta.

—¿Son disciplinados estos muchachos de La Barraca?

—¡Oh, sí!... Lo mismo a Ugarte que a mí nos respetan y nos quieren. Además, de no ser así, se les eliminaría.

—¿Seleccionan ustedes el personal antes de admitirlo en la agrupación?

—Muy rigurosamente. Les sometemos a diversas pruebas y se elimina a todos aquellos que no sirven.

—¿La Barraca tiene también como obligación el esparcir nuestro teatro por los pueblos de España?

—No. Si lo hacemos, si lo hace, es espontáneamente. La Barraca fue creada exclusivamente para Madrid, para la Universidad y los estudiantes de Madrid. La labor que ustedes dicen está encomendada al Teatro de las Misiones Pedagógicas, que es totalmente independiente de nuestra agrupación.

La poesía española

Hemos llegado al bar. Y en él, mientras tomamos sosegadamente café, continuamos desgranando la caravana de interrogantes [...].

—¿Qué opina usted de la poesía española?

—Que el grupo de poetas jóvenes de España, integrado por Alberti, Aleixandre, Jorge Guillén, Altolaguirre, etc., es muy grande, muy grande. Su obra interesa hoy a todo el mundo y es codiciada como algo extraordinario. A mi juicio es sin duda, sin duda, créanme, lo mejor del mundo, y su influencia tan solemne y grande como lo fue la del romanticismo francés; sólo que hoy, recién nacido, no se le ha llegado a desentrañar popularmente.

—*¿Debe, a su juicio, el artista vivir emancipado del morbo político?*

—Totalmente. Igual en poesía, que en teatro, que en todo... El artista debe ser única y exclusivamente eso, artista. Con dar todo lo que tenga dentro de sí, como poeta, como pintor..., ya hace bastante. Ahí tienen ustedes el caso de Alberti, uno de nuestros mejores poetas jóvenes, que, ahora, luego de su viaje a Rusia, ha vuelto comunista y ya no hace poesía, aunque él lo crea, sino mala literatura de periódico. ¡Qué es eso de artista, de arte, de teatro proletario!... El artista, y particularmente el poeta, es siempre anarquista, sin que sepa escuchar otras voces que las que afluyen dentro de sí mismo; tres fuertes voces: la VOZ de la muerte, con todos sus presagios: la VOZ del amor y la VOZ del arte...

Y, al decirlo, García Lorca, más moreno y más gitano en la fresca semipenumbra del bar, se busca con la mano y con la vista ese sitio del pecho donde deben hablarle, con toda su fuerza, esas tres voces universales.

—¿Qué le parece Valle Inclán como poeta?

—Detestable. Como poeta y como prosista. Salvando el Valle Inclán de los esperpentos, ése sí, maravilloso y genial, todo lo demás de su obra es malísimo. Como poeta es un mal discípulo de Rubén Darío, el grande. Un poco de forma, de color, de humo..., pero nada más. Si se fijan ustedes, toda la Galicia de Valle Inclán, como toda la Andalucía de los Quintero, es una Galicia de primeros términos...: la niebla, el aullido del lobo... Además, y esto es para indignar a cualquiera, ahora nos ha venido fascista de Italia. Algo así como para arrastrarle de las barbas. ¡Ya tenemos otro «Azorín»!

—*A propósito, ¿qué nos dice usted de «Azorín»?*

—No me hablen ustedes... Que merecía la horca por voluble. Y que como cantor de Castilla es pobre, muy pobre. Viniendo ayer por Tierra de Campos me convencí de que toda la prosa de «Azorín» no encierra un puñado de esa tierra única. ¡Qué gran diferencia entre la Castilla de «Azorín» y la de Machado y Unamuno!... ¡Qué diferencia!...

Nos hurgaba en la mente la pregunta y la hemos lanzado seguros de una aceda contestación, no tan fuerte sin duda como la fulminada con sólida consciencia por el autor de Bodas de sangre.

—*¿Qué opina usted, en general, del actual teatro español?*

—Que es un teatro de y para puercos. Así, un teatro hecho por puercos y para puercos.

Lo duro, lo sangrante de la respuesta nos amedrenta a seguir escarabajeando en el tema y procuramos soslayar.

—*¿Ha sido traducida ya su* Bodas de sangre?

—Sí. La temporada próxima será puesta en varios teatros del extranjero: Nueva York, Londres, París, Berlín y Varsovia.

—*¿Cómo procura usted que sea su teatro?*

—Popular. Siempre popular: con la aristocracia de la sangre del espíritu y del estilo, pero adobado, siempre adobado y siempre nutrido de savia popular. Por eso, si sigo trabajando, yo espero influir en el teatro europeo.

Más preguntas..., más preguntas quisimos hacer —He-liogábalos en el saber— al dramaturgo de Mariana Pineda, *poeta cumbre, poeta inmenso que en la primera salida a la poesía española logró la consagración más fulminante de nuestra época, poeta de raza que entre la médula de sus romances populares ha sabido, como ninguno, embellecerlos de una aristocracia única y con las imágenes más sugestivas... Pero espera el ensayo y hay que terminar.*

León estropeado

No obstante, camino del teatro, aún nuestra caña pescadora de opiniones supo ofrecerle el cebo de unas opiniones siempre obligadas.

—¿Conocía ya León?

—Sí. El año dieciocho estuve aquí con mi profesor y entonces vi todo el León viejo, el León que más me gustó. Hoy le encuentro algo estropeado dentro de su progreso. Sus reformas no las ha presidido un criterio estrictamente artístico.

—*¿Y qué nos dice de nuestra catedral? [...]*

—Ante la catedral no sé qué decir... El silencio es la mejor respuesta. Una sola palabra no haría otra cosa que profanar la grandeza de su luz, su poesía, la grandeza de sus muros cristalados y sus bóvedas. Esta mañana me la pasé toda en ella, sentado en una silla baja, como una beata visionaria, bañándome en el fervoroso anhelo que es toda ella. Por eso no pude fijarme en el detalle, absorbido todo yo como estaba por su sublimidad.

Y García Lorca, el poeta nuevo, poeta de reciedumbre y color, entorna en este instante sus ojos que miran a lo alto como veletas de torre castellana, como las dos finas agujas de nuestra Pulchra sin par.

[...] Y este poeta renacentista que ha sabido hacer y sentir la poesía del romance con matices clásicos, enclavada en los tiempos modernos, prosigue, enfundado su cuerpo de aristocrático Camborio dentro de un mono azul de me-

cánico, su ruta de viajero cultural de todos los caminos
con la pesada gloria de su nombre y los crecidos triunfos
de su Barraca.

Ricardo F. Cabal, *La Mañana* (León), 12.VIII.1933. La entrevista fue reproducida de nuevo, con algunas podas de importancia, por Francisco Pérez Ferrero en *Altano,* 2 (León, 1957). De allí pasó al libro de Auclair y a las *OC* de Aguilar. La transcribo ahora completa, omitiendo algunas frases de relleno descriptivo, en el peculiar estilo del entrevistador. Vid. Eutimio Martín: «Declaraciones de F. G. L. al diario leonés *La Mañana*», *Caravelle,* 23 (1974), pp. 93-100.

V

EN EL *CONTE GRANDE* PASARON AYER
POR MONTEVIDEO EL AUTOR DE *BODAS
DE SANGRE* Y EL ESCENOGRAFO FONTANALS

[...] Ambos se dirigen a Buenos Aires, atendiendo una
invitación de la celebrada actriz [Lola Membrives] que tan-
tos éxitos marcara en su temporada en el teatro 18 de Julio.
[...] En un aparte García Lorca hizo las siguientes de-
claraciones a los periodistas:

—Este viaje tiene para mí algo de aventura maravillosa, porque yo tengo muchos deseos de conocer estas tierras jóvenes. Buenos Aires, sobre todo, es un mito para los niños andaluces, que no saben si es un mar, un pueblo o un enigma dramático. «Se ha ido a Buenos Aires» es una frase que siempre nos produce tristeza, por recuerdos de mi pueblecito granadino...

El Bien Público, Montevideo, 14.X.1933. (Entrevista por primera vez recogida.)

VI

PASO AYER POR MONTEVIDEO
UNA DE LAS FIGURAS MAS REPRESENTATIVAS
DE LA INTELECTUALIDAD ESPAÑOLA

En el amplio y lujoso trasatlántico Conte Grande *—de la línea Cosulich—, que pasó ayer por primera vez por el puerto de Montevideo, hablamos con el gran poeta español Federico García Lorca, cuya obra cumbre, el poema dramático* Bodas de sangre, *que conocimos a través de la magnífica versión que de él ofreció Lola Membrives, le ha conquistado un gran cariño en los países del Plata.*

No obstante haberse anunciado la llegada del barco a las 7.30 de la mañana, una gran cantidad de admiradores del fino cantor del Romancero gitano *y* Cante jondo, *además de un ejército de periodistas y fotógrafos, esperábanlo ansiosos.*

Luego llegó el ministro de España señor Enrique Díez-Canedo, el señor Juan Reforzo, esposo de la señora Lola Membrives, el empresario Francione, Rosita Rodrigo, que como se sabe actúa en el Solís, y gente de teatro, que a pesar de la hora avanzada en que se había acostado —si lo había hecho— no quería dejar de «ver» a García Lorca, con quien viaja, también, el escenógrafo Fontanals.

[...] Cuando iban ya como diez minutos de ir y venir de un lado a otro, allá, en un rincón lo encontramos, por fin, acompañado de su amigo Fontanals, que como se sabe es el autor de la magnífica escenografía de Bodas de sangre.

Inmediatamente, con los saludos, recibe una descarga de preguntas, concretándose a mirar y saludar a cada uno y sonreír como extrañado de todo aquello.

No obstante los fotógrafos logran vencer su resistencia y lo hacen «posar».

De estatura mediana, morocho, de rostro más bien cobrizo, pelo negro, cejas espesas, frente ancha, boca chica, mirada penetrante, de nariz pequeña, cara casi redonda. García Lorca da la impresión de ser extremadamente joven,

191

*más de lo que lo es, pues según tenemos entendido cuenta
alrededor de unos 26 años.*

*La campana del barco anunciando que los que no son
pasajeros deben bajar a tierra suena insistentemente.*

García Lorca agradece los saludos de El Diario Español
*y algunos ejemplares que le damos en los que publicamos
una nota alusiva a su paso por Montevideo.*

A todos los requerimientos responde: «¿Qué les voy a
decir?», *en una actitud de extrema modestia y humildad,
y luego agrega:* «Muchas gracias por todo.»

—*¿Qué puede decirnos del viaje?*

—Que ha sido muy bueno, he viajado muy a gusto.

—*¿Está satisfecho por el éxito obtenido en América con
su obra* Bodas de sangre?

—Sí, más que satisfecho, inmensamente agradecido.

—*Lola Membrives estrenará una obra suya con motivo
de su llegada a Buenos Aires, ¿verdad?*

—No sabría decirles a ciencia cierta. Lo único que puedo
adelantar, y que supongo ustedes ya sabrán, es que voy a
dar cinco conferencias en Buenos Aires, bajo el patrocinio
de la «Sociedad Amigos del Arte».

—*¿Piensa venir luego a Montevideo?*

—Sí, siempre me han hablado tan bien del Uruguay y
de esta ciudad que tengo vivos deseos de conocerla. Aunque no dé conferencias aquí, vendré lo mismo a pasar unos
días entre ustedes.

Allá en mi pueblecito de Andalucía, hablarles a los niños gitanos de Buenos Aires y de Montevideo es como hablarles de un país de leyenda, creado por la fantasía, donde
todo es encantador... Por eso les gusta mucho estas ciudades, como a mí.

*Las campanas para bajar a tierra siguen ejecutando su
áspera y desagradable sinfonía, y nos vemos obligados a
abandonar a nuestro reporteado, que, hasta en estos detalles simpáticos de no querer hablar para la prensa y pedir,
casi con suma modestia, que no le saquen fotografías, que
todo eso es vanidad y pomposidad que a él le agradan,
revela la clarividencia de su talento.*

García Lorca nos estrecha fuertemente la mano, y en una frase empapada de emoción y de sinceridad nos dice nuevamente: «No tengo palabras para agradecerles. ¡Gracias!...»

Antes de retirarnos nos firma un autógrafo concebido en los siguientes términos: «A El Diario Español un saludo cordial.—Federico García Lorca.»

Erre, *El Diario Español*, Buenos Aires, 15.X.1933. (Entrevista por primera vez recogida.)

VII

LLEGO ANOCHE EL EMBAJADOR R. MEXIA. AL SALUDO FASCISTA DE UNOS POCOS, CONTESTO QUITANDOSE EL SOMBRERO. LLEGO EL POETA ESPAÑOL GARCIA LORCA

Anochecido ya, pues eran las 19.45, atracó ayer en el Desembarcadero de la Dársena Norte el vapor italiano Conte Grande, *a cuyo bordo viajaban el señor Ezequiel Ramos Mexía, el nuevo embajador del Brasil ante el gobierno argentino, doctor José Bonifacio de Andrade, y el poeta español Federico García Lorca.*

El embajador Ramos Mexía

La misión de alta diplomacia comercial encomendada al señor Ezequiel Ramos Mexía se epilogó ayer en nuestro puerto, sobre poco más o menos, con el mismo exitoso lucimiento que la caracterizara durante la prolongada estada del diplomático argentino en Roma: una muchedumbre —que no pasaba de 150 personas— acudió al Desembarcadero para recibir, saludar y felicitar al señor Ramos Mexía.

Con el poeta español García Lorca

Hecha esta comprobación, el cronista presentó sus sa-
ludos, en nombre de República Ilustrada, *al distinguido*
hombre de letras. Manifestó que venía a Buenos Aires para
dar cinco conferencias y con el propósito de acordar con
la señora Lola Membrives los detalles del próximo estreno
de una de sus obras [La zapatera prodigiosa], *nueva para*
nuestro público.

Interrogado sobre sus impresiones de viaje, el señor Gar-
cía Lorca manifestó que la mayor entre todas las que había
experimentado era la producida por la extraordinaria serie-
dad de los embajadores argentinos.

—Al señor Ramos Mexía —agregó— no he logrado verle
sonreír una sola vez durante la duración del viaje.

Saludos fascistas

A la llegada de nuestro embajador a Buenos Aires su-
cedió lo contrario de lo que había ocurrido a su arribo a
Roma.

Un grupo de diez o doce legionarios, luciendo su cono-
cido uniforme, saludaron a la manera fascista al señor Ra-
mos Mexía, que contestó, a la manera argentina, sacándose
el sombrero.

[...] Cuando el señor Ramos Mexía, ya en tierra, se dis-
ponía a alejarse del Desembarcadero, los fascistas concu-
rrentes dieron repetidos vivas al aceite de ricino y al ya
famoso «manganello».

«Apático y de mal humor llegó anoche el embajador R. Mexía. Al saludo fascista de unos pocos, contestó quitándose el
sombrero. Llegó el poeta español García Lorca, quien dijo que
no vio sonreír ni una vez en todo el viaje al embajador», *Repú-*
blica Ilustrada, 14.X.1933. (Reportaje por primera vez recogido.)

VIII

CRONICA DE UN DIA DE BARCO
CON EL AUTOR DE *BODAS DE SANGRE*

[...] *El poeta no aparece... Sí... ¿Dónde demonios se ha metido?...*

Lo atrapamos en un rincón inverosímil, donde apenas caben él y el ministro de España en el Uruguay, y a la vez talentoso crítico, don Enrique Díez-Canedo, que departe con García Lorca cariñosamente... Los periodistas uruguayos y los fotógrafos lo cercan en ese instante. Uno le pregunta si le gustaría vivir en Marte y el otro de qué color le gustan los sobretodos... Este le tiende una fórmula de autógrafo salutatorio y aquél le ofrece un libro para que se lo firme. Dos señoritas se acercan con el álbum fatal que persigue a los poetas. Pero quieren un poema. No hay tiempo. La sirena del inmenso barco rompe cielos y tímpanos...El barco se va... El sol matinal llena de escamas de pescado la estela rumorosa que dejan las hélices poderosas...

[...] *Juan Reforzo, el conocido empresario y esposo de doña Lola Membrives, por iniciativa de quien —aparte la colaboración de Amigos del Arte en ello— tenemos a García Lorca en Buenos Aires, nos presenta.*

[...] *Ancho de hombros, con una hermosa frente y una mirada color ciruela, García Lorca da sensación de vigor y de energía. Juega y ríe. Pero de pronto dice cosas trascendentales en un lenguaje lleno de fuerza y de expresión, poniendo pasión y fervor en lo que dice, para rematar al cabo con algo que lo hace reír a él primero que a nadie, con una risa un poco ronca. Su acento andaluz escamotea sílabas. Habla con vehemencia y rapidez. Desplaza cordialidad y humanidad, sobre todo.*

Ha venido con su íntimo amigo Manuel Fontanals, uno de los más grandes escenógrafos de esta hora, un muchacho rubio que habla en voz baja y que parece escapado de un colegio inglés, enormemente simpático también.

García Lorca mezcla en su charla los temas con una

amenidad sorprendente y pasa de uno a otro con maravi-
llosa facilidad. Dice:

—Hemos venido trabajando todo el viaje. El barco venía
cargado de momias. No hemos hablado con nadie. Leíamos
y trabajábamos. Aparte de eso nos divertíamos mucho y
reíamos más. Todo el mundo venía aburrido aquí. Yo creo
que nos tenían envidia. Al llegar a Río, unas señoritas no
pudieron más. Se acercaron a nosotros y nos preguntaron
a bocajarro: ¿Pero quiénes son ustedes?

¿Sabe usted lo que pensaba en Montevideo mientras los
fotógrafos me enfocaban y los periodistas me hacían preguntas? Pues en Barradas, el gran pintor uruguayo a quien
uruguayos y españoles hemos dejado morir de hambre. Me
dio una gran tristeza el contraste. Lo he de decir en una
conferencia en Montevideo. Me lo impuse. Todo eso que
me daban a mí se lo negaban a él.

[...] García Lorca publica poco y trabaja mucho. Le
hablamos de eso:

Libros y proyectos

—No me gusta publicar. Tengo terminados cinco libros
de versos. Uno se titula *Poeta en Nueva York.* Lo leeré,
con comentarios, en una de las conferencias de Los Amigos del Arte. Además, tengo un libro de odas, muy pesado
—afirma riendo—. Y un libro más que se titula *Porque te*
quiero a ti solamente (tanda de valses). En este libro hablo
de muchas cosas que me gustan y que la gente ha excluido
de la moda. Aborrezco la moda. Mis amigos me dicen a
veces: Federico, tú no puedes decir eso. Piensa en tu situación. Ah, pues yo lo digo: ¿Por qué no voy a decir yo
que me gusta Zorrilla, que me gusta Chopin, que me gustan
los valses? Ese libro está escrito en tiempo de vals. Así,
dulce, amable, vaporoso.

No me gusta publicar. Sí, tengo cinco libros sin publicar.
Cuando pienso en eso, veo que es muy malo lo que he
hecho. En México acaban de publicar mi *Oda a Walt Whit-*
man en una edición primorosa. Alfonso Reyes, el gran escritor embajador de México en Brasil, me lo mostró ahora

en Río y de lejos. Han hecho una tirada limitada. ¡Qué hombre encantador es Alfonso Reyes! Nos leyó cosas de su *Romances del Río de Nero*... ¡Hermosísimo! Tiene ese hombre esa elegancia que sólo se consigue a cierta edad. Como la de Antonio Machado, por ejemplo.

Pronto verán ustedes un libro mío. Se lo regalé a un amigo que se casa, un amigo poeta. Fue mi regalo de bodas. Para que él lo publique.

Visión de Nueva York

—¿Qué fue usted a hacer en Nueva York?

—Fui a estudiar. Estuve un año en la Universidad de Columbia. Nueva York es algo tremendo, desagradable. Tuve la suerte de asistir al formidable espectáculo del último «crac». Fue algo muy doloroso, pero una gran experiencia. Me habló un amigo y fuimos a ver la gran ciudad en pleno pavor. Vi ese día seis suicidios. Íbamos por la calle y de pronto un hombre que se tiraba del edificio inmenso del Hotel Astor y quedaba aplastado en el asfalto. Era la locura. Un río de oro que se desborda en el mar. Los «botones» trabajaron ese día de tal modo que encontraba uno por los rincones a los pobres chicos echados en el suelo, rendidos... Fue algo inolvidable... Una visión de la vida moderna, del drama del oro, que estremecía.

De Nueva York me fui a La Habana... ¡Qué maravilloso! Cuando me encontré frente al Morro sentí una gran emoción y una alegría tan grandes que tiré los guantes y la gabardina al suelo. Es muy andaluz esto de tirar algo a romper alguna cosa, una botella, un vaso, cuando a uno le alegra algo.

Nos habla después de la improvisación de su viaje. Se ríe recordando que una de las preguntas del pasaporte que había que contestar decía: «¿Ha ejercido usted la mendicidad?».

—Y yo tenía que contestar que sí. Y era verdad. Yo he ejercido la mendicidad en Toledo con un amigo mío, un gran pintor expresionista, Daniel Gali *. Nos fuimos a Toledo y nos gustó tanto que se nos acabó el dinero y tuvimos que pedir a nuestros amigos para volver. Nos mandaron el dinero desde Madrid, pero Toledo nos gustaba tanto que seguimos unos días más y descompletamos la suma. Ibamos en alpargatas y con unos bastones de buhoneros. Y pedíamos así: «Una limosnita para completar los billetes de viaje... No nos falta más que una cincuenta para los billetes, señor...».

Sí, eso de los pasaportes es muy gracioso. Tagore no quiso entrar en los Estados Unidos cuando le preguntó un funcionario: ¿Piensa usted matar al presidente?...

La risa de García Lorca brinca por todo el barco. Los ancianos y graves viajeros vuelven sus caras asombrados.

Reforzo cuenta que cuando Benavente vino a Buenos Aires y le presentaron para llenar un formulario en el que se preguntaba: «¿Sabe usted leer y escribir?... ¿Ha observado usted buena conducta?», don Jacinto se indignó y a poco más se queda en tierra.

Fontanals, con un aire de muchacho de Oxford, refiere que yendo en tren de Madrid a Barcelona con Eulogio Velasco, el empresario de revistas que estuvo en Buenos Aires, un policía quería detener a Velasco por carecer de documentos. Fontanals salió de fiador de él y el policía accedió ante el asombro del empresario.

—Sí —le decía Fontanals—, hace usted muy mal en viajar sin documentos. No hay que viajar nunca sin documentos. Ya ve, yo no tenía los míos y se los pedí prestados a un amigo —y mostraba al espantado Velasco una cédula en la que había un retrato que se parecía tanto a Fontanals como al Cid...

García Lorca es sencillo. Habla de su obra como si fuera un espectador de ella. No le da importancia a nada de lo que ha hecho. No se trata de la hipócrita modestia convencional. Si le hablas de Bodas de sangre *habla con entusiasmo de dos obras que no ha podido representar y que*

---

* Seguramente Salvador Dalí, con probable y errónea sustitución.

*son, según él el teatro que quiere hacer. Esas obras se titu-
lan* Así que pasen cinco años *y* El público. *Los temas de
sus conferencias son* Cómo canta una ciudad de noviembre
a noviembre, *con ilustraciones musicales, tocando él mismo el piano.*

—Porque yo ante todo soy músico —dice muy serio.

—*Sí, el violín de Ingres y de Einstein —le digo. Además
de esa conferencia, la ya anunciada,* Poeta en Nueva York,
Canto primitivo andaluz, *con ilustraciones de discos, y* Juego y teoría del duende *o el alma española en el arte. Todas
son conferencias sobre motivos populares, sobre cosas musicales, sobre folklore. También dará una conferencia sobre
«La Barraca», que como es sabido dirige García Lorca con
Eduardo Ugarte y es un teatro que quiere redimir el teatro
para el pueblo. Sobre este amplio tema del teatro es tan
interesante lo que García Lorca nos ha dicho que lo expon-
dremos en un segundo artículo sobre la personalidad del
poeta.*

*Acodado en la borda, García Lorca se maravilla ahora
ante el inmenso collar de luces de la costa de Buenos Aires.
Se maravilla con una unción en que se mezclan el niño y
el hombre. Ha viajado mucho, pero ama las ciudades desconocidas, y Buenos Aires se le brindaba desde tan lejos
con una sugestión de misterio tal que la mira alelado.*

—Qué grande es esto... —dice admirado.

*Al desembarcar, un grupo de gente humilde lo abraza.
Son paisanos suyos. Entre ellos hay una mujer que llora:*
—¡Federico!... ¡Federico!...
—*Esa mujer fue niñera de Federico, allá en Granada. Lo
ha visto nacer y hace unos años que están aquí —nos ex-
plica Fontanals.*

*Y es este beso humilde el que acoge al poeta en el puerto
de Buenos Aires.*

Pablo Suero, *Noticias Gráficas*, 14.X.1933. En Christopher
Maurer, «Buenos Aires, 1933. Dos entrevistas olvidadas con
F. G. L.», *Trece de Nieve*, 2.ª ép., 3 (1977), pp. 66-68.

IX

HABLANDO DE «LA BARRACA» CON EL POETA GARCIA LORCA

Unamuno, Castelar y otras variedades

Alguien le ha preguntado a García Lorca:
—*¿Y Unamuno qué dice?...*

—Pues verá usted, Unamuno no dice nada porque cuando uno le pregunta algo no contesta...

Y a poco de esto que puede parecer un modo de salir del paso, García Lorca habla con admiración del Don Juan *de Unamuno, de* El otro, *de la enormidad de esta figura tan española y genial del viejo rector de Salamanca, tan española que resume siempre en sus actitudes esa perenne disconformidad del ibero, afirmación del individualismo característico de la raza... Y con parecido fervor habla de Marañón, este otro singular varón cuya ciencia ha traspasado las fronteras y cuyo arduo estudio no le impide hablar, leer, escribir y ser dilecto amigo de artistas y factor decisivo en la política de esta España nueva de la República... Y pasa enhebrada en su verbo evocador y vigoroso la figura del poeta Antonio Machado, que es para él además de gran poeta, uno de esos hombres puros y buenos que construyen, al par que una obra, una vida.*

—Yo no quiero admirar al artista en sí. Eso no tiene importancia. Es el hombre como realización lo que vale, la humanidad del individuo, su capacidad de humanidad.

Falla el santo

Estamos ante una puerta, y García Lorca, ante un gesto brindándole el paso, dice:

—Pase usted, por favor. Nada de detenernos aquí hasta que pase cualquiera de los dos. Me hace usted pensar en

Falla, que es capaz de quedarse en el vano si no pasan antes que él. ¡Falla! … ¡Qué hombre admirable!…

—*Usted sabe mucho de Falla. Hable de él.*

—Falla es un santo, un místico. Yo no venero a nadie como a Falla. Allá en su carmen de Granada vive trabajando constantemente, con una sed de perfección que admira y aterra al mismo tiempo; desdeñoso del dinero y de la gloria; con el único afán de ser cada día más bueno y de dejar una obra. Otro, con lo que él ha hecho, descansaría; el maestro Falla, no. Como que me regaña a mí porque le parece que trabajo poco:

—Ese poema de Andalucía, que lo tiene que hacer usted, que tiene que ser algo hermoso y grande. Trabaje usted, trabaje… Cuando se haya muerto, se arrepentirá usted de no haber trabajado.

—Porque para Falla —prosigue García Lorca— no cuenta esta vida, sino la otra. Su fe es de tal magnitud, de tan pura calidad, que rechaza el milagro y protesta ante él. Su fe no necesita pruebas para creer. Un día leí la *Santa Catalina de Siena,* de Johannes Joergesen, y le llevé el libro alborozado, creyendo que le daría un gusto. A los pocos días me dijo:

—No me gusta ese libro. Santa Catalina no es una verdadera santa, es una intelectual…

Otro día había organizado yo en mi casa un teatro para mis hermanitas. Era una cosa seria el teatro, como que en él se estrenó nada menos que *La historia del soldado,* de Stravinsky… En el programa estaba incluido Falla, que es un gran pianista y quiso interpretar algo de Albéniz, a quien admira mucho. Tres días antes del estreno de nuestro teatro entro yo en casa de Falla y oigo tocar al piano. Con los nudillos golpeo la puerta. No me oye. Golpeo más fuerte. Al fin entro. El maestro estaba sentado al instrumento ante una partitura de Albéniz.

—¿Qué hace usted, maestro?…

—Pues estoy preparándome para el concierto de su teatro.

Así es Falla, para entretener a unos niños se perfeccionaba, estudiaba. Porque Falla es eso, conciencia y espíritu de perfección —afirma con unción nuestro poeta.

Un día recibió diez mil pesetas. A mí y a otros amigos nos pidió que averiguáramos de gente que necesitase una ayuda de dos o tres mil pesetas. Busquen ustedes —nos dijo— esa gente que vive en la miseria vergonzante, la más dolorosa de las miserias. Y ese dinero se repartió así, pero sin que el nombre del maestro figurase para nada. Trabaja constantemente en su obra magna, *La Atlántida,* que será cantada en catalán... Obra de coros... Falla es un santo... Lo veremos en los altares... —exclama García Lorca con un rotundo acento andaluz que nos hace sonreír.

Bodas de sangre en Nueva York

No sólo no habla nunca de sí mismo García Lorca, sino que elude que se hable de él o de su obra. Y lo hace con una ligereza de muchacho a quien le aburren las latas y lo demuestra. No hay posturas en nada suyo... Su carácter es límpido... Su sensibilidad está a flor de piel.

—¿Qué poesía le gusta?

—La de los demás —contesta riendo como un colegial.

Habla de su padre al pasar:

—Mi padre, que es un caballero de Granada... Mi padre es encantador...

Y por ahí, como la conversación se va insensiblemente a la política española, que García Lorca contempla lejos de todo partidismo y dirigido a la fuente vital de la nación, el pueblo español del que habla a cada instante con amor y admiración, refiere una anécdota:

—Era apenas caído el rey. Los campesinos de Granada incendiaron el Casino aristocrático. A la voz de alarma, fue toda Granada. Mi padre, mi hermano Paco y yo estábamos entre la multitud. Las llamas se llevaban todo aquello y mi hermano y yo mirábamos sin inquietud, casi con alegría, porque envuelto en aquellas llamas se iba algo que detestábamos. Mi padre dijo de pronto:

—¡Qué lástima!...

Yo comprendí que lamentaba ver destruido aquel sitio que fue su refugio habitual de muchos años. Mi hermano y yo cambiamos una mirada. No sé cuál de los dos decía:
. —¡Me alegro!... Es encantador mi padre...

Cádiz, punto neurálgico de Andalucía

No sé cómo diablos cae en nuestra conversación la sombra de Castelar con sus enormes bigotazos. Yo le digo que casi no lo he leído, que desconfío de todos los oradores, que debe ser frondoso, leído...

—No —me dice García Lorca—. Yo también pensaba lo mismo. Lo he leído hace poco y tiene cosas admirables... Es de Cádiz. No podía ser frondoso. Cádiz es el punto neurálgico de Andalucía. Ahí duele todo. Es un pueblo fino, culto, no de cultura de libros ni de máquinas; de cultura de sangre...

Con su simpática volubilidad me dice a seguido:

—¿Sabe usted que se va a estrenar *Bodas de sangre* en Nueva York?

—¿*Cómo?*...

—Pues una mujer artista y millonaria, Irene Lewishon, que tiene un teatro, New Playhouse, ha decidido estrenarla. Ese teatro es de una capacidad de 300 plateas. Da dos obras al año y por poco tiempo. Cuando estrena, acuden a él empresarios de todo el mundo. Es uno de los más interesantes laboratorios de experiencia de arte dramático del mundo. Ella puso allí *Dibuk* y *La casa de la Santa Cena. Bodas de sangre* ha sido traducida por Wilson, traductor de Góngora, que se encarga del verso, y por Weisberger. La versión será fidelísima, pues yo he reemplazado por otros los vocablos o los giros intraducibles. La Irene Lewishon conoce España a fondo y la pondrá maravillosamente. Se ha gastado un dineral en trajes...

De «La Barraca»

—*Encienda usted...*

—¡Tres, no!... —salta Lorca asustado.

Y nos reímos todos de la superstición de gitano. El ríe más que nosotros.

—Yo estoy siempre alegre, porque duermo mucho. Así mis nervios están tranquilos. ¿Sabe usted otra cosa? En arte, no hay que quedarse nunca quieto ni satisfecho. Hay que tener el coraje de romperse la cabeza contra las cosas y contra la vida... El cabezazo... Después veremos qué pasa... Ya veremos dónde está el camino. Algo que también es primordial es respetar los propios instintos. El día en que deja uno de luchar contra sus instintos, ese día se ha aprendido a vivir...

—*Háblenos de «La Barraca»...*

—¡Ah!... «La Barraca»... Eso es algo muy serio. Ante todo es necesario comprender por qué el teatro está en decadencia. El teatro, para volver a adquirir su fuerza, debe volver al pueblo, del que se ha apartado. El teatro es, además, cosa de poetas. Sin sentido trágico no hay teatro y del teatro de hoy está ausente el sentido trágico. El pueblo sabe mucho de eso. Un día estaba yo en mi casa de Granada y se me acercó de pronto una mujer del pueblo que vende encajes, muy popular allí y que me conoce desde niño. Se llama la Maximiliana...

—Federiquito, ¿qué haces?...

—Pues, nada, aquí, leyendo.

—Oye —le digo—, ¿por qué habéis apedreado el otro día a los cómicos de la compañía esa que vino?

—Pues, anda, si estás tú allí nos ayudas a tirar piedras. Nos dieron una cosa que se llamaba *El rayo* y que no entendíamos. Y nosotros íbamos a ver dramas. *Juan José*, algo de eso, vamos... Dramas.

—Claro... Dramas... Hicisteis bien en apedrearlos.

Eso de la Maximiliana lo he meditado mucho. El pueblo sabe lo que es el teatro. Ha nacido de él. La clase media y la burguesía han matado el teatro y ni siquiera van a él, después de haberlo pervertido. Fue entonces cuando comprendiendo eso resolvimos entre estudiantes devolver el teatro al pueblo. Fundamos «La Barraca» Eduardo Ugarte y yo. Eduardo Ugarte es un escritor teatral de mucho talento. Tiene dos obras admirables: *La casa de naipes* y *De la noche a la mañana*. Nuestra idea fue viable porque el ministro de Instrucción Pública, De los Ríos, hizo aprobar una ley. «La Barraca» es una institución de arte que no puede anquilosarse a pesar de depender económicamente del Estado, porque sus factores son los estudiantes. En cuatro camiones llevamos los decorados, el aparato eléctrico, el escenario desmontable y el personal de la compañía, que son treinta personas, de las cuales siete son mujeres y todos estudiantes. Durante los cursos representamos y estudiamos en Madrid. Llegadas las vacaciones, nos largamos a recorrer pueblos. Como abrigamos la convicción de que los clásicos no son arqueológicos, representamos obras como los pasos de Lope de Rueda, los entremeses de Cervantes, el auto sacramental de *La vida es sueño* y *Fuenteovejuna*, de Calderón. Hemos comprobado así que los clásicos son tan actuales y vivos como Arniches. El auto sacramental llevó 70 ensayos. Viéndome dirigir, asustada, decía María de Maeztu:

—¡Pero qué geniazo tiene García Lorca, qué geniazo!...

Porque todo lo hacemos con pasión y con energía. Y todo anónimamente. Nadie figura con su nombre. Ni los directores, que somos Ugarte y yo. Llegamos a los pueblos y representamos de noche. La gente lleva sus sillas. Generalmente se alza el tablado frente a la plaza. ¿Creerá usted que yo he salido a representar una escenificación mía del poema de Antonio Machado «En la tierra de Alvar González» (sic) y que el pueblo lo escucha emocionado y embelesado en todas partes?

Nuestros camiones con los anagramas o distintivos de la República nos expusieron a una pedrea en Estella, que es un pueblo carlista. Después de haberlos congregado y haber explicado como acostumbramos el asunto de la obra que íbamos a dar, la vida de quien la escribió y demás cosas, hicimos la obra, que era *Fuenteovejuna,* de Lope. Y al final nos aclamaron. Lo más sugestivo, lo que habla de una resurrección, son los gritos de «¡Viva España!» que recogen con frecuencia nuestras representaciones. El pueblo español es un pueblo admirable, créalo usted. «La Barraca» hace obra. En Santander representábamos ante la Universidad Internacional. «La Barraca» produjo entre los universitarios de todo el mundo allí congregados verdadero asombro...

Decidir a García Lorca a retratarse cuesta su trabajo. Su sencillez detesta todas estas cosas de la notoriedad. Después de posar a insistentes ruegos, comenta conmigo el hecho riéndose. Pero de pronto, serio, me dice:

—¿Sabe usted para qué servirán estas generosidades de ustedes? Pues para que mi madre se alegre al ver *Noticias Gráficas* con mis retratos.

—*¿Y le parece a usted poco?...*

—Ya es bastante, ya...

Y los dos vemos a la madre del poeta abriendo nuestro diario y sonriendo feliz y dichosa ante los retratos de su hijo, de este hijo con que Dios la ha premiado, que tiene tan recio talento y un alma tan hermosa y sencilla...

Pablo Suero, *Noticias Gráficas,* 15.X.1933. (La misma procedencia que la anterior entrevista.)

X

LLEGO ANOCHE FEDERICO GARCIA LORCA

García Lorca es un muchacho que escribe versos. Versos admirables que surgen, originales y perfectos, con la misma espontaneidad con que habla, se mueve y ríe. Ríe casi constantemente, con una risa sana, satisfecha, campesina. La misma cara circunferente y luminosa que han divulgado sus fotografías, la frente alta, el pelo al desgaire, la sonrisa descubriendo los dientes blancos y fuertes, así es este muchacho, que habla de las cosas más serias, inclusive su propia obra, sin darle importancia a nada. Es un escritor —raro ejemplo— no sólo sencillo y modesto, sino despreocupado, jovial, que sólo quiere divertirse, gozar de la vida y escribir, de cuando en cuando, mucho, en momentos de fiebre creadora, sin preocuparse luego, más aún, con temor, con resistencia a publicar lo que ha escrito. Es un muchacho que hace versos porque se les dicta espontáneos, caudalosos, su talento.

Los tíos de América

Subimos al barco que lo trae y lo hallamos verdaderamente turbado por el maremagnum de la llegada. Casi ni habla. Apenas atina a saludar. En su aspecto, juvenil y fuerte, tiene salud de labriego y potencia de hombre del mar. Casi no pronuncia palabra, hasta que baja la planchada. Pero aquí se produce el encuentro imprevisto. Un matrimonio, algo entrado en años, ella con los ojos llorosos, él gesticulando de emoción, le alargan los brazos. Son el tío Francisco y la tía María, los tíos de América, que lo han criado, allá en su pueblo, en la región granadina. Abrazos, efusiones, lágrimas. Lágrimas de los tíos, porque el poeta aún no sabe bien dónde está. Dirección del hotel, recuerdos, preguntas por los que han quedado en su tierra, promesa de visita. Por fin, en el desembarcadero, mientras va abriendo sus valijas, el poeta nos dice:

—Perdónenme Vds. Es que yo, cuando viajo, no sé quién soy. Es lo que llamo la «inquietud de estación», esta inquietud de llegada y partida, en que la gente lo va llevando, arrastrando de un lado a otro, y uno, aturdido, responde maquinalmente, y se deja llevar, ausente de todo lo que le rodea. Hay personas que tienen permanentemente esta «inquietud de estación», que llegan, saludan, hablan como si siempre estuvieran apurados. Yo tenía un amigo así y por esto lo tuve que perder, pero verdaderamente no era posible tener un amigo que siempre estaba en partida o en llegada.

Lo esencial de la vida es disfrutar

Así, en este tono, como esta su pintoresca consideración sobre el amigo, es todo lo que dice García Lorca. Ved cómo continúa.

—A mí lo único que me interesa es divertirme, salir, conversar largas horas con amigos, andar con muchachas. Todo lo que sea disfrutar de la vida, amplia, plena, juvenil, bien entendida. Lo último, para mí, es la literatura. Además, nunca me propongo hacerla. Sólo que en ciertos períodos, siento una atracción irresistible que me lleva a escribir. Entonces escribo, unos meses, febrilmente, para en seguida volver a la vida. Escribir sí, cuando estoy inclinado a ello, me produce un placer. En cambio, publicar, no. Todo lo contrario. Todo lo que yo he publicado me ha sido arrancado por editores o por amigos. A mí me gusta recitar mis versos, leer mis cosas. Pero luego le tengo un gran temor a la publicación. Esto se produce en mí porque cuando copio mis cosas, ya las empiezo a encontrar defectos, ya francamente no me gustan. Hay versos míos que se han propagado antes de publicarse. Mis libros me han sido arrancados a la fuerza. ¡Con decirles que tengo actualmente cuatro libros de versos que aún no me he decidido a publicar!

Un libro volcado en una conferencia

Uno de esos libros, Nueva York, *lo dará a conocer el poeta en Buenos Aires, en una de sus conferencias en «Amigos del Arte». El libro no se ha publicado y lo que resulta más curioso es que, hace algunos meses, leíamos una crítica sobre él en un diario de Barcelona. Un libro al que se hace la crítica antes de publicarse es, realmente, un fenómeno extraordinario. El nos dice:*

—Pues ha ocurrido todavía algo más raro. Ha ocurrido que antes de publicarse mis primeros versos, ya tenía discípulos y ya se señalaba mi influencia. Eran los amigos, que se encargaban de propagar, recitando mis poesías. Este libro sobre «Nueva York» que traje de mi viaje a los Estados Unidos, no he querido darlo a ninguno de los editores que me lo han pedido. Después lo publicaré, pero primero quiero darlo a conocer en la forma de una conferencia. Leeré versos y explicaré cómo han surgido. Es decir, lo iré leyendo y analizando al mismo tiempo.

Y concluye con una modestia, increíble en un escritor:

—Pero no todo ¿eh? Nada más que una parte. Todo sería demasiado. Es un libro enorme, larguísimo. Un libro para matar a uno. En este caso, a todo un auditorio.

Sus disertaciones sobre música

Dos de las conferencias de García Lorca versarán sobre música: una sobre los orígenes de la música andaluza; otra original, como todo lo suyo, se titulará, más o menos, «Una ciudad por su música de noviembre a noviembre» y versará sobre la ficción de un ciego que va recorriendo las distintas ciudades de España y, por el sonido característico de su música, va reconociendo a cada una. La cuarta conferencia —hemos anunciado ya los temas de tres— el poeta la anticipa así:

—Se titulará «Juego y teoría del duende». Yo llamo el «duende» en arte a ese fluido inasible, que es su sabor, su raigambre, algo así como un tirabuzón que lo mete en la sensibilidad del público. Esto lo analizaré particularmente aplicado al arte español. Además mis conferencias tendrán proyecciones e ilustraciones musicales y en algunas yo cantaré. Sí ¿por qué no? También cantaré. Claro está que muy bajito, pero cantaré, porque considero que soy el único que puede ilustrar, aunque lo haga mal, mis comentarios sobre los orígenes de la música andaluza.

Tiene escritas dos piezas de teatro

Además de sus tres piezas estrenadas que lo han hecho últimamente sobre todo hombre de teatro y que, además de sus conferencias, para asistir a las representaciones de dos de ellas Bodas de sangre, *ya aplaudida en el Maipo, y* La Zapatera prodigiosa, *que se estrenará en el Avenida, tiene escritas otras dos piezas, que no tiene interés ni muchas esperanzas de representar. Y sobre ellas se expresa así:*

—Una que es un misterio, dentro de las características de este género, un misterio sobre el tiempo, escrita en prosa y verso. La traigo en mi valija, aunque no tenga la pretensión de estrenarla en Buenos Aires. En cuanto a la otra, que se titula *El Público,* no pretendo estrenarla en Buenos Aires, ni en ninguna parte, pues creo que no hay compañía que se anime a llevarla a escena ni público que la tolere sin indignarse.

Y como le pedimos que precise los motivos de afirmación tan inesperada, nos responde:

—Pues porque es el espejo del público. Es decir, haciendo desfilar en escena los dramas propios que cada uno de los espectadores está pensando, mientras está mirando, muchas veces sin fijarse, la representación. Y como el drama de cada uno a veces es muy punzante y generalmente nada honroso, pues los espectadores en seguida se levantarían indignados e impedirían que continuara la representación. Sí, mi pieza no es una obra para representarse; es, como yo la he definido, «Un poema para silbarlo».

Su definición de su propio arte

Nos sorprende un poco, porque la materia que ha elegido para sus versos y hasta para alguna de sus piezas de teatro está hondamente arraigada en la entraña popular, esta declaración del poeta:

—Mi arte no es popular. Yo nunca he considerado que lo sea.

Y lo explica de esta manera:

—*El Romancero gitano* no es un libro popular, aunque lo sean algunos de sus temas. Sólo son populares algunos versos míos, pero sólo en minoría. *El romance de la casada infiel,* por ejemplo, sí lo es, porque tiene entraña de raza y de pueblo y puede ser accesible a todos los lectores y emocionar a todos los que lo escuchen. Pero la mayor parte de mi obra no puede serlo, aunque lo parezca por su tema, porque es un arte, no diré aristocrático, pero sí depurado, con una visión y una técnica que contradicen la simple espontaneidad de lo popular.

Y en seguida agrega:

—Pero no hablemos más de mi arte. No hablemos más en serio. ¡Qué bien se respira en Buenos Aires! Ya estoy deseando conocerla, volcarme en sus calles, ir a sus sitios de diversión, hacerme amigos, conocer muchachas. El arte no tiene interés nada más que en el momento en que se está realizando. Yo no me preocupo de nada; no quiero preocuparme de nada. Quiero divertirme, gozar de la vida, ¡vivir!

—¿Usted vive de sus libros y de sus poemas?

Y en su boca estalla una risa sana, con algo de labriego y algo de rumor de mar, al mismo tiempo que contesta:

—No; por suerte no tengo que vivir de la pluma. Si tuviera, no sería tan feliz. Gracias a Dios, tengo padres. Padres que a veces me retan, pero son muy buenos, y al final, siempre pagan.

Y he ahí un aspecto que sin duda nadie esperaba de García Lorca. El que nos imaginábamos un bohemio de café es un escritor rico. Un escritor que no necesita vivir de su pluma. Por eso es un escritor feliz.

La Nación, 14.X.1933. En Marie Laffranque, «Déclarations et interviews retrouvés», *Bulletin Hispanique*, LVIII, 3 (1956), pp.317-320.

XI·

CHARLANDO CON GARCIA LORCA

No en grave e inquisitorial reportaje, que no cuadra con Federico García Lorca, gran poeta y gran muchacho, sino en la amable charla conducida por su verba magnífica y cambiante, recogemos del autor de Bodas de sangre *algunas impresiones sobre teatro, que no podemos resistir la tentación de hacer públicas, aunque no hayan sido dichas para ello:*

—He podido apreciar en un solo espectáculo al público de Buenos Aires, viéndole escuchar con atención y seguir sin escándalo las escenas de *El mal de la juventud* en el Smart. Es admirable. El público de Madrid no hubiera tolerado las audaces escenas de esta obra, por no sé qué inferioridad que le impide ponerse en contacto con lo que no sea lo que sus autores acostumbran a darle.

—*¿No fue acaso triunfal la acogida dispensada en Madrid a* Bodas de sangre?

—La noche del estreno estaban presentes mis amigos, la intelectualidad, los críticos, y tuve un gran éxito. Las representaciones siguientes mi éxito con el verdadero «público» no fue tan ruidoso. Unos aplausos como diciendo: «Sí, está bien, muy bien». Y a otra cosa.

—*¿Imaginó usted el triunfo en Buenos Aires?*

—Pensé que mi obra gustaría, pero en verdad me sorprende su expansión. El año que viene una versión inglesa se dará en Nueva York y otra francesa en París. No creí, no, que en Buenos Aires hallaría un eco más intenso que en Madrid.

Le describimos la noche para nosotros inolvidable en que Lola Membrives estrenó Bodas de sangre.

—¿Quieren saber qué hacía yo en ese momento? Había llegado con La Barraca, el teatro que con Ugarte dirijo, a levantar un tablado en Ayerpe, pueblo recio y bronco. Allí enfermé de pronto y tuve que quedarme en cama, encerrado en una habitación de vieja posada española, con cuarenta grados de fiebre en una noche de calor. Todos estaban desesperados alrededor mío, hasta que les pedí que me dejaran solo, para descansar, y que fueran a levantar el tablado. Cuando desperté de mi adormilamiento, encontré la blanca manta que me habían echado encima cubierta de chinches. Así son las cosas: mientran aquí me aplaudían, ésa era mi situación y mi estado de ánimo.

—*¿Ha recibido ataques por su* Bodas de sangre?

—Algún burgués la acusaba de ser una obra fuera de la realidad. Yo podía decirle: «Usted, señor, se va a morir y saldrá con las manos cruzadas sobre el pecho en un ataúd. Y también estará fuera de la realidad. Esa es la realidad.»

—*Rechaza usted el público burgués?*

—Ese que se regodea con escenas en que el protagonista ante el espejo se arregla la corbata silbando y llama de pronto a su criado: ...«Oye, Pepe, tráeme...». Eso no es teatro, ni es nada. Pero la gente de plateas y de palcos hacen lo mismo todos los días y se complacen en verlo. Yo arrancaría de los teatros las plateas y los palcos y traería abajo el gallinero. En el teatro hay que dar entrada al público de alpargatas. «¿Trae usted, señora, un bonito traje de seda? Pues, ¡afuera!». El público con camisa de esparto, frente a Hamlet, frente a las obras de Esquilo, frente a todo lo grande. Pero, ¡qué! Si lo burgués está acabando con lo dramático del teatro español, que es esencial en el teatro español. Está echando abajo uno de los dos grandes bloques que hay en la literatura dramática de todos los pueblos: el teatro español. El otro bloque es el teatro chino.

García Lorca salta de tema en tema. Siempre, sin embargo, algún chipazo acerca del teatro ilumina la conversación. Esto que hemos transcrito cuenta entre ellos.

Crítica (Buenos Aires), 15.X.1933. (Entrevista por primera vez recogida.)

XII

D'UNA CONVERSA AMB GARCIA LORCA

[...] —A Nova York, amb motiu de la representació de *Bodas de sangre,* també us tractarem malament [com la prensa madrileña ante *Yerma*], segons tinc entés.

—No cal dir que a Nova York el fracàs de públic fou complet, complet. Les crítiques deien bestieses, com, per exemple, que no es concebia que la gent rústega parlés d'aquella manera, i coses semblants. El crític de *The*

214

Times era l'únic que parlava amb solta, perquè començava confessant que no havia entès absolutament res, i després afegia que una obra com aquella mai no podria plaure a un americà, ni penetrar en la seva civilització. De totes maneres aquí hi ha un concepte fals sobre tot això, perquè si bé tot l'anterior és cert, va haver-hi, per altra banda, en el mateix *The Times,* una enquesta entre els intel·lectuals, i tots contestaren afirmativament amb elogis a la meva obra. Ja us he dit, però, que no faig cas de les crítiques. Més que quasevol altra cosa m'entusiasma, per exemple, veure que *Yerma* agrada a la clase menestral catalana. Això és per a mi el més grand dels trionfs. [...]

J. Palau-Fabre, *La Humanitat,* Barcelona, 4.X.1935. En M. Laffranque, «F.G. L. Conférences, déclarations et interviews», *Bulletin Hispanique,* LX, 4 (1958), pp. 518-520. La entrevista se reproduce completa en mi citada edición de *Yerma,* pp. 174-77.

XIII

GARCIA LORCA I LA GAIREBE ESTRENA
DE *BODAS DE SANGRE* PER MARGARIDA XIRGU

Hem retrobat García Lorca.

Sortia de l'assaig del Principal.

I en sortia engrescadíssim.

—Es tracta d'una veritable estrena —ens ha dit—. Ara vereu l'obra per primera vegada.

García Lorca, realment, parla de l'obra com si es tractés d'una obra nova.

—*Bodas de sangre,* quam [palabra ilegible] pels intèrprets —segueix dient—. Ara es representarà integra.

García Lorca es detura i ens diu:

—Imagineu-vos que ja han posat als cartells el nom real amb què havia d'anar batejada l'obra: «Tragèdia». Les companyies bategen les obres com a «Drames». No s'atreveixen a posar-hi «Tragèdia». Jo, sortosament, he topat amb una actriu intel·ligent com Margarida Xirgu, que bateja les obres com s'hagin [sic] de batejar.

—Els decorats són nous —segueix dient García Lorca—. Són deguts a un xicot joveníssim: [José] Caballero. Un noi de dinou anys, un gran artista que ha il·lustrat el meu darrer poema: *Llanto por la muerte de Ignacio Sánchez Mejías.* Els figurins són d'ell també. Són una cosa naturalment extraordinària. Ja els vereu. Ha interpretat fidelment el dramatisme dels meus personatges.

—Quin paper hi fa Margarida Xirgu? —li preguntem.

—El de mare. El que, quam l'estrena, interpretava Josefina Tàpies. I el que interpretava Pepita Díaz el fa aquella noia i gran actriu que en *Yerma* feia de mare feliç [Amelia de la Torre]. Estic contentíssim de com s'ha muntat l'obra. Veureu quins decorats. I la Xirgu hi està més bé que mai. No hauria pogut somniar trobar una intèrpret més feliç que ella.

García Lorca està realment engrescat. Fins a tal punt que ens ha encomanat l'engrescament i no ens podem estar d'acabar aquesta nota amb tres signes d'admiració!!!

L'Instant (Barcelona), 21-XI-1935. Entrevista recogida por Marie Laffranque, en «F. G. L. Conférences, déclarations et interviews oubliés», *Bulletin Hispanique,* LX, 4 (1958), pp. 528-29.

NOTAS AL TEXTO

DOS REPARTOS (MADRID Y BUENOS AIRES)

Como complemento de los datos históricos recogidos en la introducción, transcribo el programa y reparto de dos representaciones de *Bodas de sangre*. He podido consultar estos documentos gracias a la amabilidad de Isabel García Lorca.

Se trata, en primer lugar, del programa de mano que ya he citado (p. 33), correspondiente al estreno o a una de las funciones de la compañía Josefina Díaz-Manuel Collado, en el teatro Beatriz de Madrid, 1933. He aquí el texto:

FUNCION PARA HOY. 1.º SINFONIA. 2.º La tragedia en verso y prosa, en tres actos, divididos en siete cuadros, original de FEDERICO GARCIA LORCA, BODAS DE SANGRE.

Reparto por orden de aparición en escena: El novio, Manuel Collado; La madre, Josefina Tapias; La vecina, Concepción Campos; La suegra del otro, Julia Pachelo; La mujer, Julita Tejera; Leonardo, Pedro F. Cuenca; La muchacha alegre, Pepita Mellado; La criada, Amparo Astort; El padre de la novia, Ricardo Juste; La novia, Josefina Díaz de Artigas; Muchacha 1.ª, Carmen Pomés; Muchacha 2.ª, Ana Morales; Muchacha 3.ª, Carmen Reyes; Mozo 1.º, Alfonso N. Candel; Convidada, Amelia de la Torre; Convidado, José Pidal; Muchacha 4.ª, Con-

217

cepción Ramos; Mozo 2.º, Luis Latorre; Mozo 3.º, Antonio Pacheco; Mozo 4.º, Angel López Cuesta; Una moza, Natividad Cruz; Leñador 1.º, José Pidal; Leñador 2.º, Alfonso N. Candel; Leñador 3.º, Delfín Jerez; La luna, Carmen Pomés; La muerte (como mendiga), Amelia de la Torre; Una muchacha, Carmen Reyes; Otra muchacha, Ana Morales; La niña, Consuelo Morales; Una vecina, Pepita Mellado; Otra, Ana Morales; Otra, Natividad Cruz; Otra, Carmen Reyes.

Tras la reseña de los 33 personajes, muchos con intervenciones mínimas, como participantes de episodios corales, añadía el programa: «El domingo, cuatro tarde, función especial para niños: *Pinocho en el país de los juguetes.*»

El segundo programa corresponde a la llamada «Compañía de alta comedia Lola Membrives», que actuaba en el teatro Avenida de Buenos Aires. Este programa es un recorte de un texto sobre papel de prensa, aunque sólo está impreso por una de sus caras. Anunciaba dos funciones distintas para un mismo día, de *Bodas* y de *La zapatera prodigiosa.* En mi edición de la segunda pieza dentro de esta misma colección ha quedado recogido el reparto correspondiente. He aquí los datos sobre *Bodas de sangre*:

HOY JUEVES 4 DE ENERO DE 1934. SECCION VERMOUTH a las 18.30. 125 REPRESENTACION. EXITO ENORME.

BODAS DE SANGRE. Poema dramático en tres actos, divididos en siete cuadros, original de FEDERICO GARCIA LORCA.

Reparto (por orden de aparición):

ACTO I. Cuadro 1.º: La Madre, Lola Membrives; El Novio, Julio Infiesta; Vecina, Conchita Ramos.

Cuadro 2.º: Suegra, Joaquina Almarche; Mujer de Leonardo, Trinidad Carrasco; Leonardo, Luis Roses; Muchacha, Rosa María Fontanals.

Cuadro 3.º: La Criada, Ana de Siria; La Madre, Lola Membrives; El Novio, Julio Infiesta; El Padre de la Novia, Francisco Hernández; La Novia, Helena Cortesina.

ACTO II. Cuadro 4.º: La Criada, Ana de Siria; La Novia, Helena Cortesina; Leonardo, Luis Roses; Muchacha 1.ª, Cándida Losada; Muchacha 2.ª, Nima Máiquez; Mozo 1.º, Antonio

Soto; *Muchacha 3.ª, Niní Montiam; Convidado 1.º, Germán Cortina; Convidado 2.º, José Carrasco; Padre, Francisco Hernández; Mozo 2.º, José García; Mujer 1.ª, Carmen Díaz; El Novio, Julio Infiesta; La Madre, Lola Membrives; Mujer de Leonardo, Trinidad Carrasco; Muchacha 4.ª, Conchita Ramos.*

Cuadro 5.º: La Criada, Ana de Siria; La Madre, Lola Membrives; Padre, Francisco Hernández; Mujer de Leonardo, Trinidad Carrasco; El Novio, Julio Infiesta; La Novia, Helena Cortesina; Muchacha 1.ª, Cándida Losada; Mozo 1.º, Antonio Soto; Mozo 2.º, José García; Muchacha 2.ª, Nima Máiquez.

ACTO III. Cuadro 6.º: Leñador 1.º, Germán Cortina; Leñador 2.º, José García; Leñador 3.º, José Carrasco; Luna, Niní Montiam; Mendiga, Ana de Siria; Novio, Julio Infiesta; Mozo 1.º, Antonio Soto; Leonardo, Luis Roses; Novia, Helena Cortesina.

Cuadro 7.º: Muchacha 1.ª, Cándida Losada; Muchacha 2.ª, Nima Máiquez; Niña, Rosa María Fontanals; Suegra, Joaquina Almarche; Mujer de Leonardo, Trinidad Carrasco; Mendiga, Ana de Siria; Madre, Lola Membrives; Vecina, Conchita Ramos; Novia, Helena Cortesina.

Escenografía de JORGE LARCO, ejecutada en los talleres de FERRAROTI. Formidable creación de LOLA MEMBRIVES.

A continuación el programa anunciaba la 50 representación de *La zapatera prodigiosa,* con el añadido del *Fin de fiesta,* y anticipaba la noticia del estreno en Buenos Aires del «romance dramático en tres estampas» *Mariana Pineda,* que tendría lugar el «viernés 12, a las 22».

Antes de referirme a las pequeñas variantes entre los repartos, llamo la atención sobre la distinta denominación de la obra, «tragedia en verso y prosa» en Madrid, «poema dramática» en Buenos Aires (como *Yerma* sérá «poema trágico») y nuevamente «tragedia», a secas, en Barcelona, según resalta el autor en una entrevista (pp. 213-14 de la presente edición). La última escueta denominación, con la especificación acostumbrada de número de actos y cuadros, es la que se mantendría en la edición de 1936, repitiéndose con los mismos términos en la de Buenos Aires. Al señalar la mezcla de prosa y verso en el estreno madrileño, aspecto que destaca en entrevista del momento (p. 182), es probable que García Lorca quisiera marcar su posición divergente y renovadora frente al teatro poético en verso. Con posterioridad atenderá a subrayar, obliterando datos externos o formales, el género dramático al que adscribe su obra, dejando la denominación de «poema» para *Yerma*, pieza más interiorizada y, a la postre, más poemática.

En orden a la historia textual de *Bodas* es de interés hacer algunas observaciones a partir del cotejo de los repartos transcritos, contrastados a su vez con las dos versiones que nos han llegado por vía impresa. El hecho de que los personajes aparezcan en dichos repartos enumerados por su orden de aparición en escena permite deducir, conocida la obra en su versión final, su composición y desarrollo en el estreno madrileño y en la reposición de Buenos Aires. Para simplificar esta breve exposición, adopto las siglas *A* y *B* para estas versiones desconocidas. Por otro lado, *C* se referirá a la edición de Madrid (Cruz y Raya, 1936) y *D* a la definitiva de Buenos Aires (Losada, 1938). Cabe advertir, en principio, que *Bodas de sangre* no sufrió en ningún momento una revisión semejante a la que el poeta realizó sobre *La zapatera prodigiosa* en cualquiera de sus versiones. García Lorca únicamente retocó la tragedia en pequeños detalles, aunque algunos de ellos significativos.

Como cuestión previa es de señalar que la lectura comparativa de los repartos puede inducir a confusión, pues no han sido establecidos con el mismo criterio en lo que se refiere a la enumeración de los personajes. Mientras que en *B* se citan todos los que participan en cada uno de los cuadros, en *A* se ha optado por no repetir ningún nombre. De este modo, la ausencia de personajes capitales en el final del reparto de *A*, es decir, en el último cuadro, no implica la existencia de una primera versión sustancialmente distinta a la conocida, versión en cuyo clímax faltaría la palabra del Novio, de Leonardo y la Novia, de la Madre.

Las variantes más numerosas son, pues, de orden menor. No obstante, en *A* se percibe una definición mejor diferenciada de los personajes. En el acto II, cuadro primero, *A* presenta una Convidada y un Convidado, que en *B* se convierten en Convidado 1.º y 2.º, quedando al fin sin diferenciación ordinal, como si implicaran a un solo actor, en *C* y *D*. Existe en *A* una Muchacha alegre (recuérdese la Vieja alegre o pagana de *Yerma*), personaje del acto II, cuadro segundo. Se distingue con el adjetivo, que cuadra a su actitud inicial ante la familia de Leonardo, de las cuatro Muchachas del acto II, cuadro primero, y de las indeterminadas Una muchacha-Otra muchacha que devanan una madeja roja en el acto III, cuadro segundo. En *B* se han eliminado estas distinciones, según se puede comprobar. En otro orden, los cuatro Mozos que se consignan en

A, correspondientes a los dos cuadros del acto II, se han reducido a Mozo 1.° y 2.° en *B*.

Como he anticipado, las variantes notadas carecen prácticamente de importancia. Dan a entender, sobre todo, que la versión de Madrid y la de Buenos Aires debieron ser sustancialmente idénticas. Admitida esta suposición, que no puede comprobarse más que por tan débiles cabos, sí conviene atender a la minuciosa e iluminadora enumeración de *B* frente a las versiones impresas. Las deducciones que siguen se establecen, no obstante, como meras hipótesis, ya que desconocemos el documento más importante: el ejemplar de trabajo que usó Lola Membrives para su representación de *Bodas* en Buenos Aires. A pesar de ello, no hay razones en principio para dudar de la exactitud del reparto y ordenada sucesión de personajes en *B* tal como ha quedado copiado. Las omisiones de personajes marcarían, pues, la también omisión de réplicas y acción consiguientes frente a las versiones *C* y *D*.

En *B* la presencia de Leonardo está señalada en tres momentos: cuadros 2.°, 4.° y 6.°. Falta, sin embargo, su fugaz aparición en la fiesta de la boda, cuadro 5.°, con dos entradas y salidas de escena y una sola intervención verbal, apenas para señalar su presencia (pp. 126-27). Lo descrito atañe a las coincidentes versiones *C* y *D*. Es posible, a la vista del reparto, que en *B* Leonardo no interviniera en dicho cuadro, al menos verbalmente.

Por otro lado, en *B* y *C* el personaje que cierra la acción del último cuadro, y por tanto de la tragedia, es la Novia. En *D* el poeta ha puesto en boca de la Madre la tirada de versos que antes estaba dividida entre las dos mujeres, añadiendo incluso seis versos más, repetitivos, desde *Y apenas cabe en la mano* (p. 171). Según Francisco García Lorca (p. 345), en una versión anterior, acaso *A*, la obra se cerraba con las siguientes palabras de la Madre: *Que la cruz ampare a muertos y vivos.* Previamente la Novia decía los versos sobre el chuchillo, dirigidos a las vecinas.

Según se puede colegir, pocos son los cambios que el poeta introdujo en su obra una vez estrenada. No obstante, sí cabe aludir a las variantes textuales entre *C* y *D*, señal de una revisión del texto para la reposición de la tragedia en Barcelona. Una de estas variantes ha quedado ya señalada. Pero antes de tratar este aspecto, es preciso aclarar el problema de la doble edición de *Bodas*.

García Lorca se mostró largamente refractario a la edición de *Bodas de sangre,* con actitud que está documentada respecto a otras de sus creaciones. No obstante, varias son las copias de la tragedia que debieron circular desde finales de 1932. En otoño de este año el poeta debió encargar la copia mecanográfica de la obra. Es la fecha en que Marcelle Auclair, según he recogido en la introducción (pp. 61-62), dice haber recibido la obra de manos del poeta: tres cuadernos escritos a máquina, se supone que uno por cada acto. La descripción que hace Auclair de esta copia coincide con los rasgos del apógrafo de *Yerma* conservado por la familia del poeta y usado en mi edición de esta segunda tragedia. La copia recibida por M. Auclair sería, por tanto, una de las realizadas con vistas al estreno.

He citado también (pp. 52 y 54-55) los que juzgo que serían otros dos apógrafos. Un periódico de Buenos Aires alude a «un humilde manuscrito» en manos del apuntador del teatro Avenida. Lo verosímil es pensar que se trataba de una copia mecanográfica, pues sería insólito que un apuntador se guiara por un autógrafo, menos aún de las características de los del poeta, con pasajes de difícil o imposible lectura, correcciones y tachaduras. La segunda copia es la mencionada por Morla Lynch, conservada por este diplomático y amigo de García Lorca. Será la entregada a Lola Membrives, quien al querer reponer la obra en Madrid carecía misteriosamente de un ejemplar.

Cruz y Raya, editorial (aparte de revista) dirigida por José Bergamín, incluye finalmente *Bodas de sangre* en sus Ediciones del Arbol, Madrid, 1936. Según el colofón, se acabó de imprimir el 31 de enero, en la imprenta de Silverio Aguirre. Esta edición, sin embargo, parece que no fue buscada por el poeta.

El periodista argentino Pablo Suero, que reencuentra a García Lorca en febrero de 1936, tras su primera relación amistosa en Buenos Aires, cuenta que José F. Montesinos, ya por entonces reconocido lopista, «acababa de hacerle publicar, casi por fuerza, *Bodas de sangre* a Federico, robándole el manuscrito». (*Vid. España levanta el puño,* Buenos Aires, 1936. Cito del texto rescatado por Eutimio Martín, *Trece de Nieve,* 2.ª ép., 3, 1977, p. 88.) Por segunda vez estaríamos ante una copia a máquina y no ante un manuscrito autógrafo. Este se lo había regalado el poeta a Eduardo Ugarte, aunque deesconocemos en qué momento; probablemente, poco después del estreno de la tragedia, dada la amistad y común participación de ambos en la dirección del Teatro Universitario La Barraca.»

Una vez conocida la muerte de García Lorca, comienzan las ediciones piratas en América. La primera, basada en la de Cruz y Raya, aparece en forma de folleto de escasas páginas: Buenos Aires, Teatro del Pueblo, II, n.° 17, noviembre de 1936. La *Revista de Indias* (n.° 3, 1936) reproduce el tercer acto. Una segunda edición completa sale en Santiago de Chile, Edit. Moderna, 1937. (*Vid.* Laurenti y Siracusa, *F. G. L. y su mundo: ensayo de una bibliografía general,* Metuchen, N.J., The Scarecrow Press, 1974, p. 71.)

Por último, *Bodas de sangre* abre el primer tomo de las *Obras completas* de la editorial Losada, Buenos Aires, 1938. Se edita junto con *Amor de don Perlimplín con Belisa en su jardín* y el *Retablillo de don Cristóbal.* El volumen está precedido por un ensayo bio-bibliográfico de Guillermo de Torre, quien se queja en nota (p. 19) de la «multiplicidad de impresiones desautorizadas que seudoeditores inescrupulosos, aprovechándose de la popularidad lorquiana, a raíz de su muerte trágica, y creyéndose en la impunidad más absoluta, han lanzado a los arrabales del mercado librero en Buenos Aires, Uruguay y Chile.» Puntualiza después: «Ninguna de ellas —es sabido, pero conviene recalcarlo—, ninguna de las ediciones hechas hasta hoy en América, después de la muerte de García Lorca, merece el menor crédito.» Si esto era verdad contundente en lo que se refería a *Yerma,* no era tan cierto para *Bodas de sangre.* Los «inescrupulosos» editores no tenían más que tomar como modelo la edición madrileña, que, según De Torre (p. 17), se había agotado a los pocos meses de su salida.

Dejando a un lado los problemas legales, las observaciones del responsable de la edición Losada tenían por objeto recalcar las novedades y fidelidad absoluta a la última voluntad del autor en los textos que se ofrecían. De las tres piezas de este primer tomo de *Obras completas, Amor de don Perlimplín* se ofrecía, además, como obra rigurosamente inédita. En su introducción al volumen Guillermo de Torre agradecía la colaboración de Margarita Xirgu, Irene Polo y Miguel Ortín, «quienes nos han facilitado las únicas copias auténticas de los manuscritos dramáticos de García Lorca con los últimos retoques del autor» (p. 19).

Con nueva insistencia, se destacaba en página independiente, antes de la portadilla de *Bodas,* una «Advertencia» que decía: «Esta edición ha sido hecha con la autorización debida y ha sido escrupulosamente revisada, de acuerdo con los originales de Federico García Lorca que tengo en mi poder y que contienen los últimos retoques del autor.» Firmaba el breve texto «Margarita Xirgu. Buenos Aires, julio de 1938.» La autoridad de la actriz catalana amparaba a solas la legitimidad del intento, ya en penumbra su marido, Miguel Ortín, e Irene Polo. En lo que atañe a *Bodas de sangre* la edición Losada no podía partir, sin embargo, más que de la copia conservada por M. Xirgu de la última reposición de la obra hecha en vida del poeta, en la que ella había participado con su propia compañía. El texto, como ya he avanzado, debió ser revisado por el poeta. La edición Losada, por tanto, salvaba algunas deficiencias de la *princeps* madrileña, aparte de ofrecer algún breve añadido y varias correcciones.

OBSERVACIONES TEXTUALES

Algunas de las aparentes erratas de Cruz y Raya son probables errores de copia. El poeta no actuó con criterio editor, entre otros motivos porque el original le fue «robado». Aunque la afirmación de Suero sea hiperbólica, Bergamín debió actuar como editor sumamente interesado en dar a la imprenta una obra de autor ya enormemente célebre. Cabe sospechar con cierto fundamento que García Lorca no corrigió las pruebas de esta edición, quizás porque se encontraba en Barcelona cuando el libro se estaba realizando. Destaco algunas variantes significativas, remitiendo a las páginas de esta edición para mayor claridad. En la copla primera de p. 107, Cruz y Raya dice: *Despierta la novia...* La forma adjetival se mantiene hasta la intervención tercera del coro de Voces, tras la entrada de la Muchacha 1.ª (p. 113): *¡Despierte la novia!* En consonancia con el *ruede la ronda,* la forma verbal *Despierte* no varía desde el primer momento en Losada. La Muchacha 2.ª dice (p. 114): *Que despierte / con el largo pelo, / camino de nieve.* Tal como ofrece Losada es *camisa de nieve.* Nueva confusión de vocales finales: *Corría ferias y montes* (p. 169), en lugar de *Corrió;* y en p. 170, la sustitución de *forme* por *forma: y el agua forma un llanto,* así en Cruz y Raya.

Podrían añadirse otros varios ejemplos. Como sucedía en el apógrafo de *Yerma,* los indicados me hacen suponer que el copista no entendió algunas palabras del autógrafo, o bien las vocales o letras finales, dada su simplificación y descuido en la caligrafía del poeta. Mas sean erratas o errores, su número no es desdeñable.

Una acotación que sólo parece tener sentido como llamada de atención para el propio autor se mantiene en las dos ediciones (p. 149). Ante la primera aparición de la Mendiga, la acotación indica: *Este personaje no figura en el reparto.* Parece impropio que tal frase se haya dejado en la impresión. El poeta se olvidaría de tacharla. Es claro que la Mendiga no debía figurar en la lista de personajes que García Lorca solía trazar en la primera hoja de sus manuscritos teatrales. El personaje surgiría, por tanto, ya avanzada la escritura de la obra.

Otra peculiaridad de las dos ediciones, que debía basarse en el autógrafo, como sugiere la coincidencia, estriba en la disposición de algunos versos en forma de prosa, o en su partición no regular. La edición Aguilar ha subsanado estos «errores». He preferido aquí no corregir al autor, máxime ante el desconocimiento del autógrafo. Prescindiendo de acotaciones y entrada de personajes, copio en su posible forma regular versos como los indicados (p. 149):

> —¡Esa luna, esa luna!
> —Ya se acercan.
> Unos por la cañada y el otro por el río.
> Voy a alumbrar las piedras. ¿Qué necesitas?
> —Nada.
> —El aire va llegando duro, con doble filo.
> —Ilumina el chaleco y aparta los botones,
> que después las navajas ya saben el camino.

O se rompe un alejandrino de la siguiente manera:

> Pero que tarden mucho en morir.
> Que la sangre...

Estos y otros ejemplos, algunos más llamativos, debían partir del autógrafo. No veo razón para pensar en que deben ser «regularizados».

En su revisión del texto Lorca desatendió estos pormenores e introdujo añadidos y correcciones. En lo primero cerró el primer cuadro del acto segundo (p. 122) con la repetición de una copla: *Al salir de tu casa.* En el último cuadro (p. 170) la Madre decía: *Es lo mismo. / La cruz.* En la versión de Losada, la petición se repite: *La cruz, la cruz,* y se añaden los cuatro versos que siguen en boca de unas Mujeres. Nuevos cambios y adiciones se producen en los parlamentos de Novia y Madre al concluir la obra (p. 171), a los que ya me he referido.

Por otro lado, *las pistolas* a que aludía la Madre se convierten en *las navajas* (p. 94), el verso *traen a los novios del arroyo* cambia *novios* por *muertos* (p. 165), o las madres que se asoman a las ventanas, *para ver si vuelven sus hijos,* se asomarán *para ver el rostro de sus hijos.* Estas y otras variantes del texto de Losada indican claramente la intervención del poeta. Por ello he seguido esta versión, cotejándola con la de Cruz y Raya, de la que mantengo algunas lecciones.

i) el luto

ii) la lejanía

iii) El qué dirán

iv) el mal agüero

v) la moral cerrada

vi) El machismo

vii) la protectora